SONJA KLEIN – JULIAN OSWALD – LOTTA SUKIENNIK – ANDREAS WICKEL

Musikunterricht 5/6

20 PRAXISERPROBTE STUNDEN

Bestellnummer ED 22917

ISBN 978-3-7957-1449-9

BSS 59204

Redaktion: Dorothea Book, Christian Müller

Layout und Satz: Studio Neumann

Illustrationen: Silke Reimers, Sybille Toporski (S. 36–37)

Umschlaggestaltung: Maren Blaschke
Bilder (Umschlag): Ludwig van Beethoven, Gemälde von Joseph Karl Stieler (1820); shutterstock honohiki (Klaviertasten), shutterstock Africa Studio (Notentafel)

LIEBE LESERIN, LIEBER LESER,

wie ist es zu schaffen, die musikalischen Grundlagen abwechslungsreich zu unterrichten und das sowohl für die SchülerInnen als auch für die Lehrkraft?

Antworten und Lösungen bietet dieses zwanzig Musikstunden umfassende Unterrichtswerk. Sie werden feststellen, dass die Inhalte der Stunden keine neuen sind. Die Herangehensweisen sind es dafür umso mehr. Jede Stunde wurde in der Unterrichtspraxis getestet und auf Grundlage dieser Erfahrungen noch einmal überarbeitet. Sie können sich also sicher sein, dass alle Stunden praxiserprobt sind, was natürlich keinesfalls ausschließt, dass Sie die Stunden an Ihre eigene Unterrichtssituation anpassen.

Ob Sie sich nun also mit den SchülerInnen auf die Suche nach „Horsts Motiv“ machen, die „Geheimnisse der sieben Bretter“ lüften, das „Licht“ mit Spiegeln zum Tanzen bringen oder den „Olympioniken beim Einzug in die Arena“ musikalisch zujubeln – wir wünschen Ihnen sehr, dass Ihre SchülerInnen und Sie mit unseren Stunden viel Freude haben werden!

Julian Oswald

für das Autorenteam

Hallo, guten Morgen!

Ein Begrüßungs-Rhythmical für den Musikunterricht

Sonja Klein

IDEE

Nicht wenige Unterrichtsstunden beginnen mit einem gelangweilten „Guuu-teeen Mooorgeeen Frau/Herr ...". Ein Begrüßungs-Rhythmical bietet hingegen einen musikalischen und aktivierenden Einstieg zugleich. Die Begleitung erfolgt mit Bodypercussion, sodass das Rhythmical ohne Vorbereitungsaufwand zu Beginn jeder Stunde musiziert werden kann.

DURCHFÜHRUNG

Rhythmical erarbeiten

Das Begrüßungs-Rhythmical *Hallo, guten Morgen!* beginnt im Stehen. Es wird durch Vor- und Nachmachen erarbeitet. Dabei sollte zunächst die Bodypercussion geübt werden. Es empfiehlt sich, die einzelnen Körperteile bzw. die Seite oder Bewegungsrichtung zur Bodypercussion mitzusprechen.

Danach wird der originale Text des Rhythmicals zur Bodypercussion gesprochen. Die zweitaktigen Phrasen der SchülerInnen können von der Lehrkraft unterstützend mitgemacht werden.

Das Begrüßungs-Rhythmical kann sukzessive in mehreren Stunden aufgebaut werden. Zunächst wird die erste Zeile erarbeitet, in einer folgenden Stunde die zweite und schließlich die dritte und vierte Zeile (AB).

Varianten

Statt den beiden Nachbarn bei „Nachbarn begrüßen" zuzuwinken, können sich die SchülerInnen auch individuelle Begrüßungen ausdenken (abklatschen, umarmen, ...).

Sollte der Platz bei „Gehen um den Stuhl herum" nicht ausreichen, kann der Text in „Drehen uns im Kreis herum" abgeändert werden.

ERWEITERUNGEN

- Erfinden eines eigenen Klassen-Rhythmicals (auch mit Perkussionsinstrumenten oder Materialien aus der Schultasche als Begleitung).

> ▸ **Klasse:** 5 – 6
> ▸ **Zeitbedarf:**
> 1 Minute zu Beginn jeder Stunde
> ▸ **Voraussetzungen:** keine
> ▸ **Arbeitsblätter:**
> **AB:** *Hallo, guten Morgen!*

AB: Hallo, guten Morgen!

Musik und Text: Sonja Klein

Bodypercussion: Ok = Oberkörper / Os = Oberschenkel / St = Stampfen / Kl = Klatschen / Sn = Schnipsen / Wi = Winken / PK = Partnerklatschen

Die Pizzamaus

Klein ist nicht immer schnell

Julian Oswald

© Pixabay

IDEE

Viele SchülerInnen erliegen immer wieder dem Missverständnis, dass kleine Notenwerte automatisch schnell und große Notenwerte langsam musiziert werden müssen. Das Prinzip des Längenverhältnisses der Notenwerte ist ihnen häufig nicht eingängig. Mit dieser kleinen „Erzähl-Stunde" sollen die SchülerInnen lernen, dass ein Notenwert unterschiedlich lange dauern kann und sich dadurch das Verhältnis zu den anderen Notenwerten nicht ändert.

DURCHFÜHRUNG

1. Gestörter Pizzagenuss

Die Pizza (AB 1) wird auf Folie kopiert und die drei Mäuse werden ausgeschnitten; Schere und Mäuse werden bereitgelegt. Das Bild der Pizza wird aufgelegt und folgende Geschichte erzählt:
„Ihr glaubt nicht, was mir gestern passiert ist! Als ich mir eine Pizza gemacht hatte und gerade anfangen wollte zu essen, hüpfte eine Maus auf den Tisch und sah mich mit großen Augen an. Zunächst dachte ich mir nichts dabei und fing an,

- **Klasse:** 5
- **Zeitbedarf:** 45 Minuten
- **Voraussetzungen:**

Kenntnis über Notenwerte

- **Material:**

Schere, Folienstift

- **Arbeitsblätter:**

AB 1: Pizza und Mäuse

AB 2: Je kleiner, desto schneller?

die Pizza aufzuschneiden." [Hier wird die Pizzafolie auf „12 Uhr" bis zur Mitte eingeschnitten.] „Und dann passierte etwas Sonderbares: Die Maus bekam anscheinend auch Hunger und wollte sich einen Bissen holen. Auf der Suche nach dem besten Stück fing sie an, um die Pizza herumzulaufen." [Sie fahren mit der ersten Maus gleichmäßig auf der Folie am Rand der Pizza im Uhrzeigersinn entlang.] „Die Maus war anscheinend sehr wählerisch, denn sie konnte sich partout nicht entscheiden. Sie fiepste immer nur ein kleines, unentschlossenes ‚Hm', wenn sie an dem Spalt oben an der Pizza vorbeikam." [Hier werden die SchülerInnen eingeladen, die Maus zu imitieren und immer, wenn die Maus den Spalt erreicht, „Hm" zu sagen.]
„Ich fand die ganze Sache schon sehr seltsam, hatte aber zu großen Hunger, um mich weiter darum zu kümmern und schnitt weiter meine Pizza auf." [Die Pizza wird komplett in der Hälfte durchgeschnitten. Dadurch entsteht auf „6 Uhr" ein weiterer Spalt, der dementsprechend von der Maus zu hören ist.]

© Fotolia/Natalia

2. Die Pizzamaus bekommt Verstärkung

Von hier an kann die Pizza beliebig zerteilt werden und es entstehen damit neue „Hm"-Rhythmen der SchülerInnen. Folgende erste Aufteilung hat sich als sinnvoll erwiesen:

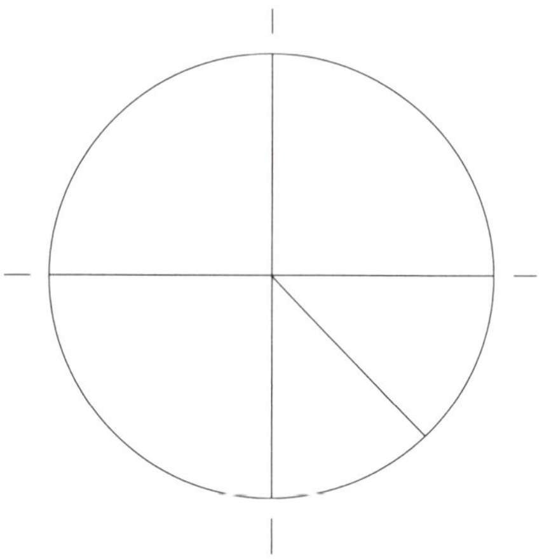

„Da kam auf einmal der große, starke Bruder der Maus, schob sie beiseite und fing selbst an, um die Pizza zu laufen auf der Suche nach dem besten Bissen! Es muss wohl eine Sprintermaus gewesen sein." [Die zweite Maus kreist nun deutlich schneller um die Pizza, die SchülerInnen erhöhen das Tempo des Rhythmus'.] „Und dann kam am Ende auch noch eine alte, klapprige Maus dahergehumpelt; ich glaube, es war die Oma der beiden. Die wollte natürlich auch noch etwas von der Pizza, konnte aber nicht mehr so schnell laufen." [Das Umkreisen der Pizza mit der dritten Maus und der Rhythmus verlangsamen sich deutlich.]

3. Was uns die Geschichte sagen will

An dieser Stelle kann die Geschichte ein Ende finden. Im Gespräch finden die SchülerInnen heraus, dass sich der Abstand zwischen ihren „Hms" verändert hat, obwohl die Pizzastücke immer gleich groß bleiben. Was aber klar erkennbar ist: Egal ob normale Maus, Sprintermaus oder Omamaus, die Strecke eines Viertelstücks Pizza ist immer doppelt so lang wie die eines Achtelstücks usw. Um das Gelernte nun auf die Notenwerte zu übertragen, werden die entsprechenden Notenwerte mit einem Folienstift in die Pizzateile geschrieben (eine halbe Note in die Pizzahälfte etc.) Beim Üben entsteht so die Verknüpfung zum Notenwert. Die Erkenntnisse werden anschließend anhand des Arbeitsblatts noch einmal gesichert.

ERWEITERUNGEN

Alle Tätigkeiten der Lehrkraft (Pizza schneiden, mit dem Finger/Zeiger um die Pizza kreisen) können auch von SchülerInnen durchgeführt werden. Auch könnten die SchülerInnen die bestehenden Stücke neu anordnen und sehen, wie sich daraus ein neues Muster ergibt.
Je komplexer die Rhythmen werden, umso mehr empfiehlt es sich, eine Schülergruppe zu bestimmen, die die Mäuse „anfeuert", d. h. bei 12, 3, 6 und 9 Uhr leise „Go!" spricht. Auch eine Ergänzung der Geschichte – etwa, dass an diesen Stellen Gläser stehen, denen die Maus ausweichen muss – ist denkbar. So bekommt der Rhythmus ein stabiles Metrum, an dem sich die „Mäuse" orientieren können.
Sollte noch etwas Zeit übrig sein oder Sie die Einheit auf zwei Stunden ausweiten wollen, können Sie das Ganze auch zu einem mehrstimmigen Sprechstück machen.
Mehrere Pizzen werden unterschiedlich aufgeschnitten. Ein Schüler oder ein Team feuert an (für das stabile Metrum), je ein Schüler fährt mit dem Finger die Pizza entlang (dabei darauf achten, dass der Finger bei jedem Anfeuerungs-„Go!" bei der nächsten Viertelmarkierung ist) und der Rest der Klasse teilt sich auf und spricht die Mäuse (für ein differenziertes Klangergebnis in unterschiedlichen Tonlagen). Seien Sie gespannt auf die interessanten Rhythmen, die sich dadurch ergeben!

AB 1: Pizza und Mäuse

Illustrationen: Silke Reimers

AB 2: Je kleiner, desto schneller?

Nein, auf das Tempo kommt es an!
Kleine Notenwerte werden nicht immer schnell gespielt, ebenso dauern große Notenwerte nicht automatisch lange. Die Dauer eines Notenwertes ist immer abhängig vom Tempo, in dem musiziert wird. Dieses erkennt man am Grundschlag der Musik, der immer im gleichen Tempo zu hören bzw. zu spüren ist.

Grundsätzlich gilt: Je schneller das Tempo des Grundschlags, umso kürzer werden die Notenwerte gespielt; je langsamer das Tempo, umso länger dauern die Notenwerte.

Eines bleibt dabei aber immer gleich: Der nächst kleinere Notenwert ist immer genau halb so lang wie der Notenwert über ihm!

Aufgaben:

a. Malt über jeden Takt einen „Pizzakreis" und teilt ihn von 12 Uhr aus in die richtigen Stücke ein!
b. Klatscht die Rhythmen dann in der jeweils oberen Notenzeile und stampft den Viertelpuls aus der unteren Notenzeile mit dem Fuß mit.
c. Verändert das Tempo des Stampfens und passt euer Klatschen darauf an!

Der Sturm in der Musik

Ein Bild für viele Komponisten

JULIAN OSWALD

© Pixabay/AgenciaAIAF

▶ **Klasse:** 5

▶ **Zeitbedarf:** 90 Minuten

▶ **Voraussetzungen:**
Kenntnis über klassische Musikinstrumente; Umgang mit Begriffen „Dynamik" und „Tempo"

▶ **Material:**
Papier, Stift, (Splitter)

▶ **Arbeitsblätter:**
AB: Höraufgaben

▶ **CD:**
HB 1: Antonio Vivaldi, *Der Sommer*, aus: Violinkonzert g-Moll op. 8, Nr. 2 , Presto (3. Satz)
HB 2: Edvard Grieg, Stürmischer Abend auf dem Meer, aus: *Peer Gynt-Suite* op. 55, Nr. 2
HB 3: Ludwig van Beethoven, 4. Satz, Allegro (Gewitter und Sturm), aus: Sinfonie Nr. 6 F-Dur op. 68 *Pastorale*
HB 4: Richard Strauss, *Gewitter und Sturm*, aus: *Eine Alpensinfonie* op. 64

IDEE

SchülerInnen fragen häufig, wofür sie Musiktheorie lernen sollen. Zwar können sie musikalische Parameter wie Melodik, Dynamik oder Tempo für sich genommen gut nachvollziehen, der Bezug zur Musik erschließt sich ihnen jedoch häufig nicht. Diese Stunde soll den SchülerInnen zeigen, wie man die verschiedenen musikalischen Parameter in der Musik nutzen kann, um die unterschiedlichsten Wirkungen und Assoziationen zu ein und demselben Thema beim Hörer zu erzeugen.

DURCHFÜHRUNG

1. Los geht's:
Die Stunde wird in Form eines Hörzirkels durchgeführt. Dazu werden die vier Hörbeispiele (HB 1–4) mit Schildern gekennzeichnet und nach Möglichkeit isoliert voneinander zugänglich gemacht (optimal wären vier verschiedene Räume, platzsparender sind sogenannte „Kopfhörer-Splitter", mit denen bis zu fünf SchülerInnen an einem Gerät mit Kopfhörern hören können). Die Lehrkraft teilt das Arbeitsblatt an die SchülerInnen aus, teilt die Kinder in Gruppen ein und ordnet jeder Gruppe eine Start-Station zu. Die Gruppen sollen in festgelegten Zeitintervallen (ca. sechs Minuten) weitergehen.

2. Jetzt dürfen die SchülerInnen arbeiten
Bevor Sie die SchülerInnen in die Zirkelarbeit entlassen, sollten Sie Ihnen noch einige Hinweise zur Bearbeitung geben:

- Fordern Sie sie dazu auf, jedes Hörbeispiel mehrmals anzuhören, um mehrere interessante Aspekte der Musik herauszuarbeiten.

- Erklären Sie den SchülerInnen, dass es nicht „die eine richtige Antwort" gibt und ermutigen Sie sie, die Parameter nach bestem Können so differenziert wie möglich einzuordnen.
- Halten Sie die SchülerInnen dazu an, die Fachbegriffe, die sie im Unterricht bereits gelernt haben,

auch bei der Beschreibung der Musik zu verwenden (Begriffe wie „ein bisschen laut" sind sehr schwammig und sollten vermieden werden).

Illustration Silke Remers

Fünf Personen können mit Hilfe des Splitters zur gleichen Zeit die gleiche Musik hören.

3. Die Ergebnisse präsentieren

Nach der festgelegten Zeit kommen die SchülerInnen wieder zu ihren Plätzen zurück. Sollten sie vorher in Gruppen gearbeitet haben, wird ein Gruppensprecher bestimmt, der die Ergebnisse vorträgt. Jede Gruppe stellt ein Hörbeispiel vor. Die Ergebnisse einer Gruppe werden vom Rest der Klasse durch Einzelbeiträge kommentiert und ergänzt. Achten Sie auch hier darauf, dass die Ergebnisse der Gruppe dadurch nicht als „falsch" dargestellt werden, sondern ordnen Sie die Beiträge als Alternative zu den gehörten Ergebnissen ein.

ERWEITERUNGEN

Sie können die SchülerInnen, anstatt sie in Gruppen aufzuteilen, auch einzeln herumgehen lassen, um die Stationen zu bearbeiten. Setzen Sie ihnen lediglich ein Zeitlimit, innerhalb dessen sie alle Stationen durchlaufen haben müssen (Ansagen wie „Jetzt solltet ihr zirka zwei Stationen gehört haben" sind dabei eine nützliche Hilfestellung für das Zeitmanagement).

Sofern möglich, sollte den SchülerInnen mindestens eine Schulstunde Zeit zum Hören der Stationen gegeben werden (abzüglich der Vorbereitungen und Erläuterungen – also etwa acht Minuten pro Station). Die Auswertung sollte dann in der Folgestunde (am besten in einer Doppelstunde direkt im Anschluss) erfolgen. Soll die Unterrichtseinheit auf eine Schulstunde begrenzt werden, können Sie den Hörzirkel beispielsweise auch mit nur drei Hörbeispielen durchführen und die Hörphase dadurch verkürzen.

Für eine engere Führung der SchülerInnen kann die Lehrkraft für die zweite Spalte („Wie kommt dieser Eindruck zustande?") bereits Begriffe vorgeben, aus denen die SchülerInnen dann den für sie passenden auswählen. Als Beispiel sehen Sie die Tabelle auf der Seite. Sollten die SchülerInnen im Unterricht andere Begriffe kennengelernt haben, können alternativ natürlich auch diese verwendet werden.

Instrumente	**Dynamik**	**Tempo**
• Klavier	• pianopianissimo – fast unhörbar	• ruhig – largo
• Streichinstrumente hoch (Violinen, Bratschen)	• pianissimo – sehr leise	• gehend – andante
• Streichinstrumente tief (Celli, Kontrabässe)	• piano – leise	• schnell / lebhaft – allegro
• Blechblasintrumente (Trompeten, Posaunen)	• mezzopiano – ein wenig leise	• laufend – presto
• Holzblasinstrumente (Flöten, Klarinetten)	• mezzoforte – ein wenig laut	• aufgeregt – vivace
• Trommeln/ Pauken	• forte – laut	• wild – con fuoco
• Becken	• fortissimo – sehr laut	• schneller werdend – accelerando
	• fortefortissimo – „ohrenbetäubend" laut	• langsamer werdend – ritardando
	• crescendo – lauter werdend	
	• decrescendo – leiser werdend	
	• subito – plötzlich	

AB: Höraufgaben

Höre dir das Beispiel aufmerksam an und fülle dann die Kästchen aus!	**Welches Bild sehe ich, wenn ich diese Musik höre?**	**Wie kommt dieser Eindruck zustande?**
Antonio Vivaldi: *Gewitter und Sturm* *Der Sommer*, aus: Violinkonzert g-Moll op. 8, Nr. 2, Presto (3. Satz) (1725)		

Höre dir das Beispiel aufmerksam an und fülle dann die Kästchen aus!	**Welches Bild sehe ich, wenn ich diese Musik höre?**	**Wie kommt dieser Eindruck zustande?**
Edvard Grieg: *Stürmischer Abend auf dem Meer* aus: *Peer Gynt-Suite* op. 55, Nr. 2 (1891)		

Höre dir das Beispiel aufmerksam an und fülle dann die Kästchen aus!	**Welches Bild sehe ich, wenn ich diese Musik höre?**	**Wie kommt dieser Eindruck zustande?**
Ludwig van Beethoven: *Gewitter und Sturm* 4. Satz, Allegro, aus: Sinfonie Nr. 6 F-Dur op. 68 *Pastorale* (1807/1808)		

Höre dir das Beispiel aufmerksam an und fülle dann die Kästchen aus!	**Welches Bild sehe ich, wenn ich diese Musik höre?**	**Wie kommt dieser Eindruck zustande?**
Richard Strauss: *Gewitter und Sturm* aus: *Eine Alpensinfonie* op. 64 (1915)		

Als ich letztens meinen Speicher aufräumte

Das Leben Joseph Haydns einmal anders kennenlernen

Julian Oswald

IDEE

Die Biografie eines Komponisten ist für SchülerInnen häufig sehr trocken, da sie weder zum Leben und Schaffen noch zur jeweiligen Epoche einen Bezug haben. Durch den hier gezeigten Stundenaufbau wird Joseph Haydn sehr nah an das Leben der SchülerInnen herangeholt und durch den ‚Knobelspaß' werden sie motiviert, etwas über Haydns Biografie und Schaffen zu erfahren. Hierzu dient ein fiktives Memorandum, welches wichtige Lebensstationen zusammenfasst.

© Fotolia/stokkete

DURCHFÜHRUNG

1. Der Fund auf dem Speicher

Die Lehrkraft beginnt eine (fiktive) Geschichte zu erzählen, die ihr angeblich widerfahren ist: „Gestern habe ich meinen Speicher aufgeräumt, und dabei habe ich ein offenbar sehr altes Buch gefunden. Das Buch war voller Noten, aber auf der letzten Seite fand sich ein zerrissener Brief." [Lehrkraft legt AB, welches in sieben Abschnitte inklusive Über- und Unterschrift zerschnitten und gemischt ist, auf.] „Der Name hat mich natürlich sehr neugierig gemacht: Joseph Haydn. Das wäre ja etwas, wenn dieses Buch von ihm wäre! Könnt ihr mir helfen, die einzelnen Teile der Seite zu entziffern und richtig zusammenzusetzen?"

2. Die SchülerInnen machen sich an die Arbeit

Die SchülerInnen werden in Gruppen eingeteilt und jede Gruppe erhält einen der fünf Briefabschnitte. Die Aufgabe der SchülerInnen ist es nun, den Brief in Reinform zu übertragen (eventuell schon in Form eines Hefteintrags) und den Brief, gemeinsam mit den anderen Gruppen, in der richtigen Reihenfolge wieder zusammenzusetzen.

Nach der Verbesserungsphase geht die Lehrkraft mit den SchülerInnen noch einmal die wichtigsten Stationen in Haydns Leben durch und teilt Ihnen das Lösungsangebot aus. Begleitend dazu wird Haydns Kaiserquartett (HB 5) gehört und die SchülerInnen finden heraus, dass es sich dabei um die Vorlage für die deutsche Nationalhymne handelt.

ERWEITERUNGEN

Um das Eintauchen in die Lebenshistorie Haydns authentischer zu gestalten, kann die Lehrkraft ein in Leder gebundenes Buch mit in den Unterricht bringen. Auf dieses kann sie dann verweisen, wenn sie davon erzählt, was sie auf dem Speicher gefunden hat.

Optional kann auch statt einer Gruppenarbeit jede Schülerin/jeder Schüler einzeln einen Abschnitt des Briefes erhalten. Nach der Übertragung des Textes muss sie/er dann mit anderen SchülerInnen je eine Gruppe bilden, die eine komplette Version des Textes repräsentiert.

▶ **Klasse:** 5
▶ **Zeitbedarf:** 45 Minuten
▶ **Voraussetzungen:** keine
▶ **Arbeitsblätter:**
AB: Memoiren am Sterbebette
Lösungsangebot: Memoiren am Sterbebette – Reinschrift
▶ **CD:**
HB 5: Joseph Haydn, *Poco Adagio. Cantabile* (Melodie der Deutschen Nationalhymne), aus: Streichquartett op. 76, Nr. 3 *Kaiserquartett*

AB: Memoiren am Sterbebette

Memoiren am Sterbebette

Wien,
16. Mai 1809

Es ist nun schon beinahe siebenundsiebzig Jahre her, dass ich im schönen Rohrau, einer vortrefflichen Stadt im Gebiete Niederösterreichs, das Licht der Welt erblickte. Dies war also im Jahre siebzehnhundertzweiunddreißig. Mein seliger Vater war ein Wagner und Untertan des Grafen, er spielte ohne eine Note zu kennen die Harfe. Er lehrte mich die erste Musik.

Bei dieser so gnadenvollen Ausbildung aus der eigenen Familie offenbarte sich auch mein Talent in der Stimme. So dann wurde ich in meinem siebten Lebensjahre nach Wien geholt, wo ich mich als Sängerknabe im Domchor St. Stephan verdingte. Dort wiederum erhielt ich Unterricht für die Stimme, die Tasten und die Geigensaiten.

Nach meiner langjährigen Zeit im Domchor wurde ich Kammerdiener und auch Schüler der Tonkunst beim italienischen Maestro Nicola Porpora. Ich schrieb nun mit noch viel mehr Eifer eigene Musik, was ich auch schon früher getan. Es muss wohl um das Jahr siebzehnhundertund dreiundfünfzig gewesen sein, dass ich meinen Dienst begann.

Nachdem der Maestro mich wieder in die Welt entließ, bekleidete ich beim Fürsten Esterházy eine Musikerstelle als zweiter Kapellmeister, und spielte dort, wie es sich geziemt, die Geige. Nur fünf Jahre später, also siebzehnhundertsechsundsechzig, wurde ich erster Kapellmeister. Ich war mittlerweile in meinem vierunddreißigsten und wirklich zufrieden, weil ich nach Herzenslust komponieren konnte.

Doch nun, auch nach meiner Beförderung am österlich klingenden Hofe, liege ich hier und harre meiner endgültigen Entkräftung. Meine Hoffnung sei aber begründet, dass zumindest mein Werk möge weiterleben: Meine vierundzwanzig Opern, die achtundsechzig Streichquartette und natürlich meine über einhundert Sinfonien. Und auch denke ich, dass mein Kaiserquartett eine recht schöne Hymne abgeben würde.

Gezeichnet, Joseph Haydn

AB: Memoiren am Sterbebette – Reinschrift

Wien, 16.Mai 1809

Es ist nun schon beinahe siebenundsiebzig Jahre her, dass ich im schönen Rohrau, einer vortrefflichen Stadt im Gebiete Niederösterreichs, das Licht der Welt erblickte. Dieses war also im Jahre 1732. Mein seliger Vater war ein Wagner und Untertan des Grafen, er spielte, ohne die Noten zu kennen, die Harfe. Er lehrte mich die erste Musik.
Bei dieser so gnadenvollen Ausbildung aus der eigenen Familie offenbarte sich auch mein Talent in der Stimme. So dann wurde ich in meinem siebten Lebensjahre nach Wien geholet, wo ich mich als Sängerknabe im Domchor St. Stefan verdingte. Dort wiederum erhielt ich Unterricht für die Stimme, die Tasten und die Geigensaiten.
Nach meiner langjährigen Zeit im Domchor wurde ich Kammerdiener und auch Schüler der Setzkunst beim italienischen Maestro Nicola Porpora. Ich schrieb nun mit noch viel mehr Eifer eigene Musik, was ich auch schon früher getan. Es muss wohl um das Jahr 1753 gewesen sein, dass ich meinen Dienst begann.
Nachdem der Maestro mich wieder in die Welt entließ, bekleidete ich beim Fürsten Esterházy eine Musikerstelle als zweiter Kapellmeister und spielte dort, wie es sich geziemet, die Geige. Nur fünf Jahre später, also 1766, wurde ich erster Kapellmeister. Ich war mittlerweile in meinem vierunddreißigsten (Lebensjahr) und wirklich zufrieden, also ich nun nach Herzenslust komponieren konnte.
Doch nun, auch nach meiner Beförderung am österlich klingenden Fürstenhof, liege ich hier und harre meiner endgültigen Entkräftung. Meine Hoffnung sei aber begründet, dass zumindest mein Werk möge weiterleben: Meine vierundzwanzig Opern, die achtundsechzig Streichquartette, und natürlich meine über einhundert Sinfonias. Und auch denke ich, dass mein Kaiserquartett eine recht schöne Hymne abgeben würde.

Gezeichnet, Joseph Haydn

Die Olympiaeröffnung

Erarbeitung des Begriffes Rondo am Beispiel eines Rhythmus-Rondos

LOTTA SUKIENNIK

IDEE

Die SchülerInnen setzen ein im Plenum und Kleingruppen einstudiertes Rhythmus-Rondo um. Durch den hier gezeigten Stundenaufbau soll die Lerngruppe die musikalische Form des Rondos handelnd erfahren.

DURCHFÜHRUNG

1. (aktivierender) Einstieg
Die Lehrkraft klatscht als stummen Impuls den Rhythmus (AB 1) vor. Die Lerngruppe klatscht diesen nach. Nachdem die Lehrkraft den weiteren Verlauf der Stunde erklärt hat, wird die Klasse in drei Gruppen eingeteilt.

2. Einübung des Ritornells auf Instrumenten
Der geklatschte Rhythmus wird nun in den Gruppen auf die Instrumente übertragen. In der Gruppenarbeitsphase ist das gegenseitige Zuhören ungemein wichtig. Die SchülerInnen, die gerade nicht spielen, sollen durch das Klopfen des Metrums und das Mitverfolgen des Rhythmus' hierzu angehalten werden.

- **Klasse:** 6
- **Zeitbedarf:** 90 Minuten
- **Voraussetzungen:**
  Handhabung der Perkussionsinstrumente
- **Material:**
  Klassensatz Perkussionsinstrumente
- **Arbeitsblätter:**
  AB 1: Ritornellrhythmus
  AB 2: Die Olympiaeröffnung
  Lösungsangebot: Die Olympiaeröffnung
  AB 3: Reihenfolge zum Musizieren
  AB 4: Rhythmusbausteine für die Couplets

3. Erarbeitung der Rondostruktur anhand einer Geschichte
Um die Rondostruktur zu erarbeiten, wird zunächst der Text „Die Olympiaeröffnung" (AB 2) vorgelesen. Die SchülerInnen arbeiten den Ablauf heraus. Dieser wird auf AB 3 festgehalten.

4. Entwicklung der Couplets in Gruppenarbeit
Die Couplets werden von den Gruppen selbst zusammengestellt und eingeübt. Jede Gruppe erhält vier Takte mit vorgefertigten Rhythmen, welche sie in eine selbstgewählte Reihenfolge bringt. Sie wählt ein Instrument für die Couplets aus und übt den entstandenen Rhythmus möglichst selbstständig ein.

5. Präsentation des Rhythmus-Rondos
Als Präsentation wird das Rhythmus-Rondo im Kontext der Geschichte inszeniert. Die „Athleten" aus den verschiedenen Ländern treten mit ihren Instrumenten nach vorne und spielen ihr Couplet zum Eintritt ins Stadion.

6. Formulierung der Definition eines Rondos
Nach der Präsentation werden die SchülerInnen dazu aufgefordert, die Farben durch Buchstaben zu ersetzen, dann wird folgende Definition ins Heft notiert:

Eine neue musikalische Form: Das Rondo
Den immer wiederkehrenden Teil A nennt man Refrain oder Ritornell. Die unterschiedlichen Zwischenteile B, C, D und E nennt man Strophe oder Couplet.

7. Reflexion des Klassenmusizierens
Abschließend kann der Verlauf des Klassenmusizierens mit der Lerngruppe reflektiert werden. Die SchülerInnen überlegen, was (nicht) gut funktioniert hat und was beim nächsten Mal anders gemacht werden muss, damit es genauso gut oder besser funktioniert.

ERWEITERUNGEN

a. Sehr schnelle bzw. motivierte SchülerInnen können sich über die Musik eines entsprechenden Landes informieren und versuchen, diese Information in ihren Rhythmus einzubauen.
b. Die Couplets des Rhythmus-Rondos können um weitere rhythmische Stimmen ergänzt werden.
c. Anstelle des Klatschens kann auch eine Rhythmussprache eingesetzt werden, damit die Lerngruppe die Rhythmen in der Notenschrift wiedererkennt.
d. Die Geschichte kann auf die antiken olympischen Spiele zugeschnitten werden, sollten die SchülerInnen diese gerade im Geschichtsunterricht besprechen.

AB 1: Ritornellrhythmus

AB 2: Die Olympiaeröffnung

Es war wieder soweit – die olympischen Spiele sollten beginnen. Die Athleten waren aus aller Welt gekommen, um sich in den verschiedensten Sportarten zu messen und um den Sport zu feiern. Bevor die Wettkämpfe begannen, wurden die Spiele feierlich im großen Stadion eröffnet. Den ersten Höhepunkt bildete der Einzug der Athleten. Das Orchester des olympischen Komitees spielte in seinen blauen Uniformen die Olympiahymne und die Zuschauer klatschten begeistert.

Nun zogen die Athleten aus ____________________ in roten Trainingsanzügen ins Stadion ein, begleitet wurden sie von der Hymne ihres Landes.

Kaum waren sie in der Mitte angekommen, nahm das Orchester des olympischen Komitees wieder seine Instrumente zur Hand und spielte die Olympiahymne.

Darauf betrat schon die nächste in grün gekleidete Gruppe von Athleten aus ____________________ das Stadion, auch sie spielten ihre Hymne.

Als sie in der Mitte des Stadions angekommen waren, hob das Orchester des olympischen Komitees wiederum seine Instrumente.

Als drittes begrüßten die Athleten aus ____________________ in prachtvollen lilafarbenen Gewändern die Zuschauer mit Musik aus ihrer Heimat.

Das olympische Komitee antwortete auch hier mit der Hymne.

Die Sportler aus ____________________ sah man schon von weitem, da ihre gelben Trainingsanzüge so hell leuchteten. Auch sie spielten die Musik ihres Landes zur Begrüßung.

Zum Abschluss ließ das Orchester des olympischen Komitees nochmals die Olympiahymne erklingen.

Aufgabe:

- Jedes Land und das Orchester des olympischen Komitees treten jeweils mit einer Farbe auf. Male die Kreise am Rand bei jedem Auftritt einer Gruppe in der entsprechenden Farbe aus.

Die Olympiaeröffnung

Es war wieder soweit – die olympischen Spiele sollten beginnen. Die Athleten waren aus aller Welt gekommen, um sich in den verschiedensten Sportarten zu messen und um den Sport zu feiern. Bevor die Wettkämpfe begannen, wurden die Spiele feierlich im großen Stadion eröffnet. Den ersten Höhepunkt bildete der Einzug der Athleten. Das Orchester des olympischen Komitees spielte in seinen blauen Uniformen die Olympiahymne und die Zuschauer klatschten begeistert.

Nun zogen die Athleten aus ____________________ in roten Trainingsanzügen ins Stadion ein, begleitet wurden sie von der Hymne ihres Landes.

Kaum waren sie in der Mitte angekommen, nahm das Orchester des olympischen Komitees wieder seine Instrumente zur Hand und spielte die Olympiahymne.

Darauf betrat schon die nächste in grün gekleidete Gruppe von Athleten aus ____________________ das Stadion, auch sie spielten ihre Hymne.

Als sie in der Mitte des Stadions angekommen waren, hob das Orchester des olympischen Komitees wiederum seine Instrumente.

Als drittes begrüßten die Athleten aus ____________________ in prachtvollen lilafarbenen Gewändern die Zuschauer mit Musik aus ihrer Heimat.

Das olympische Komitee antwortete auch hier mit der Hymne.

Die Sportler aus ____________________ sah man schon von weitem, da ihre gelben Trainingsanzüge so hell leuchteten. Auch sie spielten die Musik ihres Landes zur Begrüßung.

Zum Abschluss ließ das Orchester des olympischen Komitees nochmals die Olympiahymne erklingen.

blau

rot

blau

grün

blau

lila

blau

gelb

blau

AB 3: Reihenfolge zum Musizieren

Alle (blau) → rot → Alle (blau) → grün → Alle (blau) → lila → Alle (blau) → gelb → Alle (blau)

AB 4: Rhythmusbausteine für die Couplets

Gruppe 1

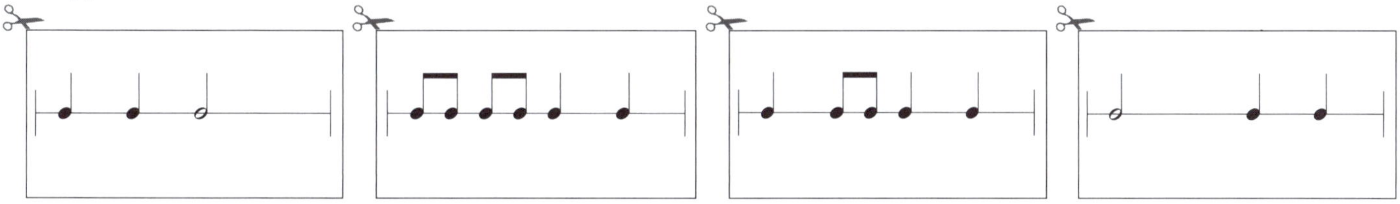

Gruppe 2

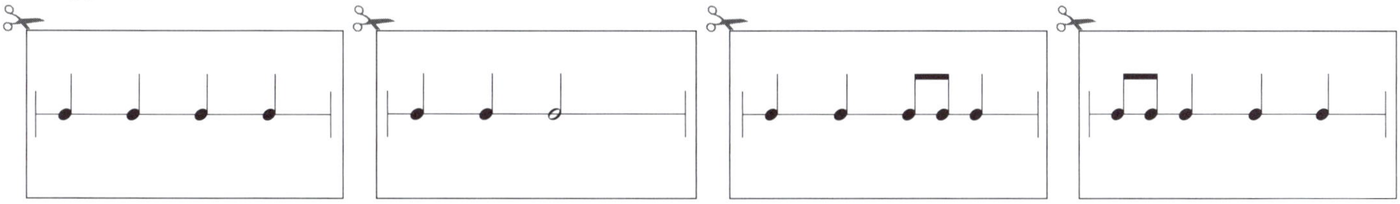

Gruppe 3

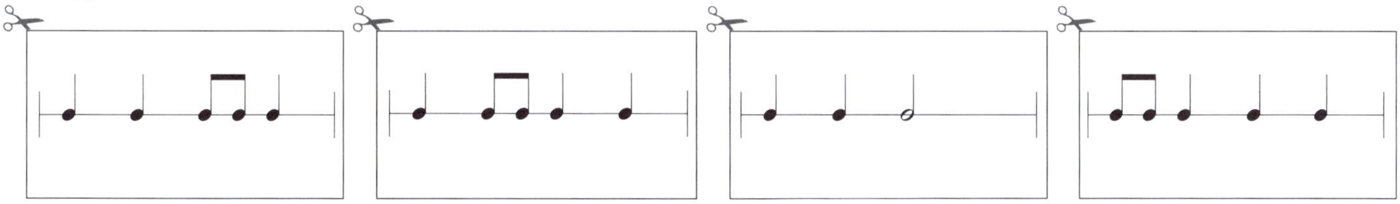

Gruppe 4

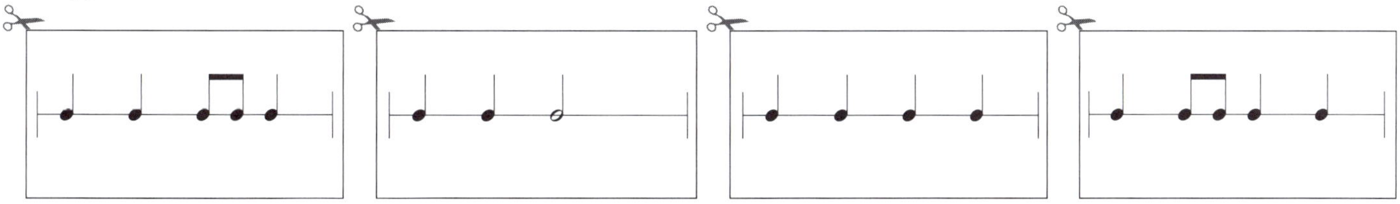

Wie bewegt sich der Elefant?

Tonschritte und Tonsprünge als musikalischer Ausdruck von Bewegung

ANDREAS WICKEL

© Fotolia/kramarek

- **Klasse:** 5
- **Zeitbedarf:** 45 Minuten
- **Voraussetzungen:**

Notenlinien kennen, (Programmkenntnis des *Karneval der Tiere*)

- **Material:**

Klavier

- **Arbeitsblätter:**

AB 1: Zeitungsartikel (Doppelseite --> DIN A3 oder verkleinern)
AB 2: Tonsprünge (Folie)
AB 3: Folienschablone Elefant
AB 4: Tonschritte (Folie)
AB 5: Höreindrücke (Klassensatz und Folie)

- **CD:**

HB 6: Camille Saint-Saëns, *Der Elefant*, aus: *Karneval der Tiere*
HB 7: Playback: *Er stürmt …*
HB 8: Playback: *Er läuft …*

IDEE

Der Löwe, König der Tiere, feiert ein großes Fest und alle Tiere sind eingeladen, hoch zu seinem Podest zu ziehen um ihn zu begrüßen. In der Arena wird schon fleißig dafür geprobt. Am ersten Probentag hopst der Elefant tollpatschig mit nur drei Sprüngen hoch zum Podest des Königs der Tiere. Der Löwe ist ziemlich verstimmt und erwartet sich etwas mehr Demut in der Bewegung des Elefanten. Am nächsten Tag gibt sich der Elefant also alle Mühe und läuft mit kleinen Trippelschritten zum König hinauf.

Auf einem Teppich mit einem Muster von fünf Linien hinterlässt der Elefant durch die zwei unterschiedlichen Bewegungsformen Spuren, die von den SchülerInnen im Verlauf der Stunde als Notenköpfe erkannt werden. Durch die verschiedenen Bewegungen des Elefanten ergeben sich sowohl Tonsprünge als auch Tonschritte. Der Originalausschnitt von Camille Saint-Saëns' Vertonung des Elefanten (aus dem *Karneval der Tiere*) stellt anschließend den finalen Auftritt des Elefanten dar (HB 6). In diesem sollen die Tonsprünge und Tonschritte wiederentdeckt und mit den entsprechenden Höreindrucken verknüpft werden können.

DURCHFÜHRUNG

1. Einstieg

Die Lehrkraft versetzt die Lerngruppe durch eine kurze Anmoderation in die Situation (siehe Idee). Anschließend verweist sie auf den mitgebrachten Zeitungsartikel des fiktiven singenden Reporters Henry Schallerton (AB 1) und das Arbeitsblatt wird ausgeteilt.

Das Gedicht oben auf dem Arbeitsblatt wird von einem Mitglied der Lerngruppe vorgelesen und im Unterrichtsgespräch wird die Leitfrage für die Stunde „Wie bewegt sich ein Elefant?" herausgearbeitet.

2. Singen der Lieder

Anschließend werden die beiden Lieder mit den SchülerInnen einstudiert. Dabei kann zunächst der Text gesprochen und danach die Melodie gesungen werden (HB 7 + 8).

3. Erarbeitung der Fußspuren

Die SchülerInnen zeichnen, auf die Aufgabenstellung Bezug nehmend, mögliche Fußspuren des Elefanten in die beiden Abbildungen ein und entwickeln auf Basis des Liedtextes Bewegungsformen für den Elefanten. Dabei ist es nicht wichtig, dass die Fußspuren schon genau die Notenköpfe abbilden, sondern dass die SchülerInnen sich in die Situation hineinversetzen. Eine weiterführende Konkretisierung der Ergebnisse erfolgt erst in Schritt 4.

Anschließend werden mögliche Lösungen auf Folie präsentiert. Auf der Basis der Ergebnisse werden zwei verschiedene Bewegungsformen (Sprünge und Schritte) mit den SchülerInnen durch Vor- und Nachmachen im Raum erprobt.

4. Erarbeitung der musiktheoretischen Terminologie

Nun wird das AB 2 mit den vorbereiteten Fußspuren aufgelegt. Dabei wird der untere Teil zunächst verdeckt gehalten. Die Bewegungen des Elefanten werden mit Hilfe der Folienschablone (AB 3) auf dem Teppich durch die Lehrkraft nachvollzogen.

Die SchülerInnen beschreiben das Muster des Teppichs und die sich darin befindlichen Fußspuren. Die Beobachtung „Elefant überspringt im Muster Linien und Zwischenräume" wird im Kasten unter dem Teppich festgehalten.

Anschließend wird die Lerngruppe aufgefordert, die Fußspuren im Notentext der Lieder im Zeitungsartikel zu suchen. Dabei wird festgestellt, dass Henry Schallerton in seiner Gesangsmelodie die Bewegungen des Elefanten imitiert (vergleiche letzte Notenzeile der Lieder im Zeitungsartikel).

Anhand des vergrößerten Notentextes im unteren Teil der Folie wird dies noch einmal nachvollzogen. Der Begriff „Tonsprung" sowie die Unterscheidung „aufsteigend/absteigend" wird eingeführt.

Im Anschluss daran geschieht dies äquivalent mit der Bewegungsform „Schritte" („Elefant tritt auf jede Linie und in jeden Zwischenraum") mit Hilfe von AB 4.

5. Sicherung der musiktheoretischen Terminologie

Das AB 5 wird ausgeteilt. Die konkreten Definitionen der musikalischen Parameter „Tonschritt und Tonsprung" werden mit den SchülerInnen in der Infobox auf dem Arbeitsblatt durchgegangen und Fragen werden beantwortet.

6. Rückbezug zur Musik von Saint-Saëns

Im Anschluss an die Klärung der musiktheoretischen Voraussetzungen wird nun von der Lehrkraft der richtige „Auftritt" des Elefanten angekündigt.

Mit Hilfe der Adjektivsammlung formulieren die SchülerInnen ihre Höreindrücke zum Ausschnitt und analysieren den Notenausschnitt in Bezug auf die musiktheoretische Unterscheidung von „Tonschritt" und Tonsprung". Die Ergebnisse werden anschließend auf Folie gesichert.

ERWEITERUNGEN

Nach der musiktheoretischen Klärung der Begriffe „Tonschritt" und „Tonsprung" kann bei schwachen Lerngruppen eine kurze Übungsphase eingeschoben werden, in der die begriffliche Unterscheidung mit verschiedenen Beispielen an der Tafel noch einmal veranschaulicht wird.

© Fotolia/newet

AB 1: Zeitungsartikel

Zeitung der vereinigten Tierwelt

Exklusivbericht von den Proben zum „Karneval der Tiere"

Man fragt sich heut' im ganzen Land:
Wie bewegt sich so ein Elefant?
Ob man es heut' wohl sehen kann?
Man fragt sich auch, wie hört's sich an?

Mit dem singenden Reporter Henry Schallerton!

Tag 1 (1. Probe)

Die Proben für das große Abschlussfest im „Karneval der Tiere" sind gut angelaufen. Alle Tiere haben beim König einen guten Eindruck hinterlassen. Die Beteiligten warten nun gespannt auf die erste Probe des Elefanten. Unser singender Reporter Henry Schallerton informiert uns live darüber, was der Elefant gerade macht:

Musik und Text: Andreas Wickel

Illustration: Silke Reimers

Tag 2 (2. Probe)

Was ist denn jetzt los? Der König der Tiere ist außer sich vor Wut. „Was hüpfst du hier so hoch? Ich verlange etwas mehr Respekt!“, brüllt er den Elefanten an. Bei seinem zweiten Probendurchlauf verändert der Elefant – wie es der König verlangt hat – seine Bewegungen. Auch hier informiert uns Henry Schallerton:

Musik und Text: Andreas Wickel

Illustration: Silke Reimers

Aufgaben:

a. Wie sieht es aus, wenn der Elefant auf zwei Beinen über den Teppich läuft?

1. Lies die Liedtexte noch einmal durch und stelle dir den Elefanten dabei genau vor.
2. Auf den Bildern seht ihr das Podest mit dem großen Teppich. Welche Informationen gibt Henry Schallerton im Liedtext jeweils über die Bewegungen und den Weg des Elefanten über den Teppich?

b. Versucht, die beschriebenen Bewegungen des Elefanten nachzumachen und zeichnet seine Fußspuren auf dem großen Teppich ein.

AB 2: Tonsprünge

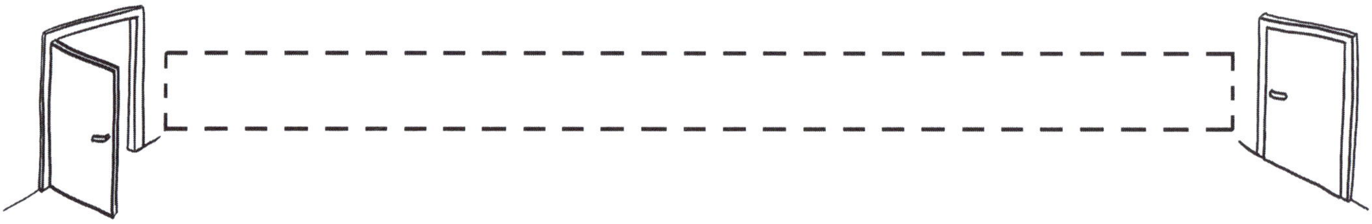

Illustration: Silke Reimers

AB 3: Folienschablone Elefant

Illustration: Silke Reimers

AB 4: Tonschritte

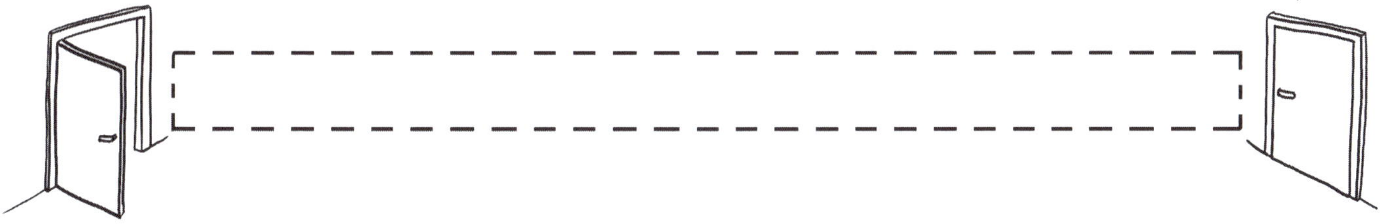

Illustration: Silke Reimers

AB 5: Höreindrücke

Wie bewegt sich der Elefant in der Musik?

laufend   schleichend   hüpfend   schreitend   marschierend

hopsend   gehend   tänzelnd   springend   trippelnd

____

Aufgaben:

a. Wie empfindest du die Bewegungen des Elefanten in der Musik? Umkreise deine Höreindrücke.

Für Schnelle: Formuliere eigene Höreindrücke und schreibe sie zu den anderen Höreindrücken.

b. Tauscht euch mit eurem Sitznachbarn über eure Höreindrücke aus.

Infobox: Tonschritt und Tonsprung

Tonsprung: Bei einem **Tonsprung** folgt ein Ton **aufsteigend** oder **absteigend** auf den vorherigen Ton. Dabei bleibt **mindestens eine Linie oder ein Zwischenraum frei:**

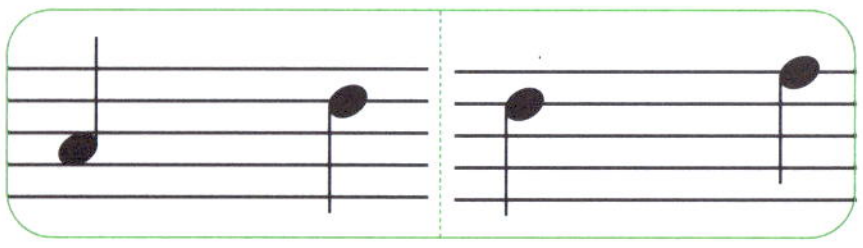

Aufsteigende Tonsprünge

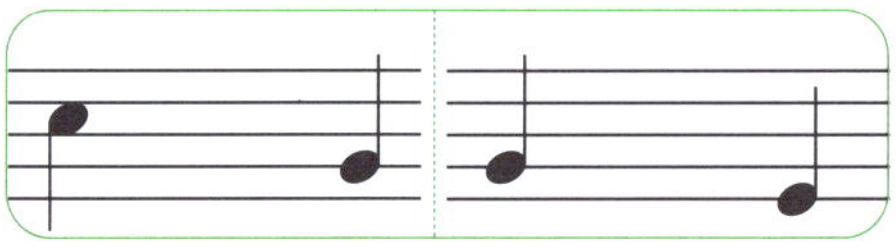

Absteigende Tonsprünge

Tonschritt: Bei einem **Tonschritt** folgt ein Ton direkt **aufsteigend** oder **absteigend** auf den vorherigen Ton. Es bleiben **keine Linien oder Zwischenräume frei:**

Aufsteigende Tonschritte

Absteigende Tonschritte

c. Kannst du die Bewegungen des Elefanten in den Noten sehen? Kreuze an, ob es sich bei den Noten in den markierten Feldern jeweils um einen Tonschritt oder einen Tonsprung handelt.

Für Schnelle: Kreuze an, ob es sich bei den Tonschritten oder Tonsprüngen um aufsteigende oder absteigende Tonfolgen handelt.

d. Tauscht euch mit eurem Sitznachbarn über eure Ergebnisse aus.

Musik: Camille Saint-Saëns

Tonschritt:
Tonsprung:

aufsteigend:
absteigend:

John Cage und das „präparierte Klavier“

Klangexperimente mit Schrauben und Radiergummis

Sonja Klein

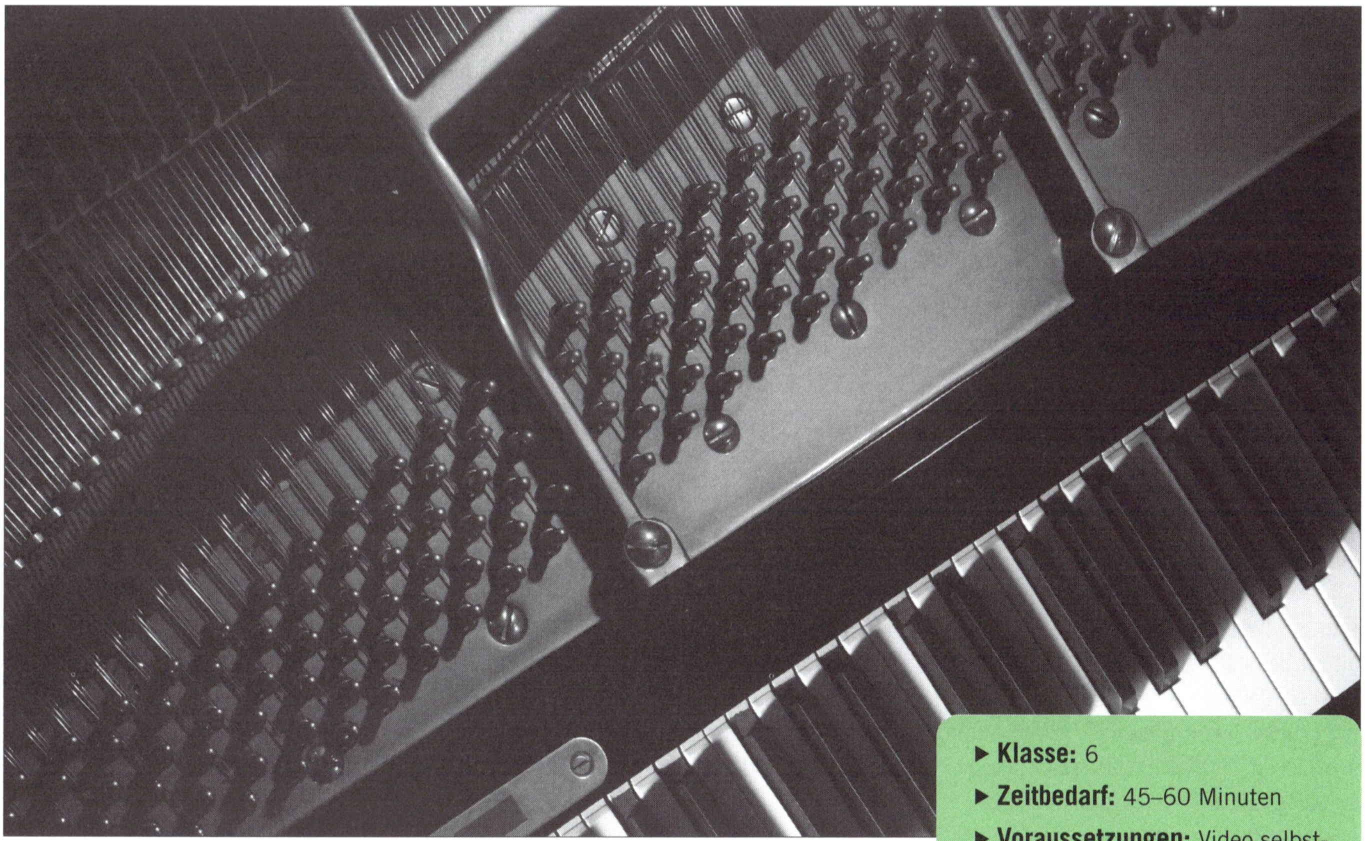

▶ **Klasse:** 6

▶ **Zeitbedarf:** 45–60 Minuten

▶ **Voraussetzungen:** Video selbstständig starten können

▶ **Material:** Flügel idealerweise ohne Deckel, Schrauben (mit Muttern), keilförmige Radiergummi-Stücke

▶ **Arbeitsblätter:**

AB 1–5: Stationen 1–5

Lösungangebote: Stationen 2–4

John Cage: *Sonata V* – Noten

▶ **CD:**

HB 9: John Cage, *Sonata V*, aus: *Sonatas and Interludes*

Video: *Das präparierte Klavier*

IDEE

Im Zentrum der Stunde steht das Lernen an Stationen, das den SchülerInnen einen vielseitigen und handlungsorientierten Zugang zu dem Themengebiet des „präparierten Klaviers“ ermöglichen soll. An verschiedenen Stationen eignen sich die SchülerInnen Informationen über John Cage (1912–1992), seine Kompositionsweise und ästhetischen Klangvorstellungen an.

Sie erweitern ihre bisherigen (traditionellen) Klangerfahrungen mit dem Klavier durch eigene Präparationen am Instrument und lernen das Stück *Sonata V* von Cage als Beispiel für die Klangmöglichkeiten des präparierten Klaviers kennen. Es stammt aus dem Zyklus *Sonatas and Interludes*, der in den Jahren 1946–1948 entstand und als Cages umfangreichstes und anspruchsvollstes Werk für „präpariertes Klavier“ gilt. Der Umfang des Stationenbetriebs wird eher klein gehalten, damit die SchülerInnen die Möglichkeit haben, alle Aufgaben in einer Stunde bearbeiten zu können.

DURCHFÜHRUNG

1. Vorbereitung

Während die SchülerInnen den Raum betreten, hören sie das Stück *Sonata V* (HB 9) von John Cage als Einstimmung in die Stunde. Nach Möglichkeit sind die einzelnen Stationen (AB 1–5) bereits vorbereitet, sodass sich die SchülerInnen an eine beliebige Station setzen können.

2. Regeln zum Lernen an Stationen

Für das Lernen an Stationen sind einige Arbeits- und Verhaltensregeln zu beachten.

Ist den SchülerInnen die Arbeitsform bereits bekannt, werden die Regeln kurz wiederholt. Andernfalls werden sie gemeinsam mit den SchülerInnen erarbeitet. Beispiele:

a. Ich verhalte mich ruhig.

b. Ich darf mich leise mit einem Mitschüler über die Aufgaben unterhalten.

c. Ich lese mir die Aufgaben und Informationen genau durch.

d. Ich gehe sorgfältig mit den Materialien um.

e. Ich führe angefangene Arbeiten zu Ende.

3. John Cage und das „präparierte Klavier"

Erläuterungen zu den einzelnen Stationen:

Station 1 (Die Erfindung des „präparierten Klaviers"):

Die SchülerInnen informieren sich mithilfe eines Textes über die Entstehung des „präparierten Klaviers" und lernen den Komponisten John Cage kennen. Die Zeichnung des von Cage ursprünglich geplanten Schlagzeugensembles regt die Fantasie der SchülerInnen an.

Station 2 (Wie viele sind es?):

Die zweite Station weckt die Rätsellust der SchülerInnen. Der Text beschreibt, was man unter der Präparation eines Klaviers versteht und gibt Informationen zu den Präparationstabellen von Cage. Die SchülerInnen sollen in der Tabelle zu dem Zyklus *Sonatas and Interludes* die Anzahl der Schrauben und Radiergummis bestimmen – der Materialien, mit denen sie selbst den Flügel präparieren.

Station 3 (So sieht's aus):

In der kurzen Videosequenz über das „präparierte Klavier" können die SchülerInnen sehen, wie ein Pianist den Flügel professionell präpariert und das Klangergebnis anschließend auch hören. (Das Stück, welches der Pianist spielt, ist nicht *Sonata V.*) Auf ihrem Blatt ergänzen die SchülerInnen Schlüsselwörter aus dem Off-Text des Sprechers.

Station 4 (Klangexperimente im Innenraum):

An dieser Station führen die SchülerInnen selbst Klangexperimente im Innern des Flügels durch und präparieren die Saiten (vorsichtig!) mit Schrauben und Radiergummis. Dabei sollte auf die genaue Lage geachtet werden, da die Präparationen bei *Sonata V* auch zum Klingen gebracht werden sollen. Die SchülerInnen lernen, dass verschiedene Materialien unterschiedliche Auswirkungen auf den Klang haben. Ebenso ist es von Bedeutung, an welchem Ort die Gegenstände positioniert werden. Die Beschreibung des veränderten präparierten Klavierklangs soll die SchülerInnen dazu anregen, über Klänge nachzudenken und ihre Höreindrücke zu verbalisieren. Die Präparationen verbleiben bis zum Ende der Stunde im Flügel.

Station 5 (Cage, der Erfinder – ein Comic): Die leicht verständliche Bildergeschichte erzählt die Entstehung des „präparierten Klaviers" auf eine humorvolle Art und Weise. Die SchülerInnen können ihr neu angeeignetes Wissen über John Cage und seine Erfindung nochmals vertiefen und über die eigenen Klangexperimente am Klavier nachdenken.

4. Besprechung der Ergebnisse

Die Stühle und Tische werden an den normalen Platz zurückgestellt, die Materialien werden eingesammelt.

Besprechung der Ergebnisse:

Station 1: Die Zeichnungen des Schlagzeugensembles werden gemeinsam betrachtet und ggf. erläutert.

Station 2: Die SchülerInnen nennen die Anzahl der Schrauben, der Schrauben mit Muttern und die Anzahl der Radiergummis.

Station 3: Der Lückentext wird vorgelesen.

Station 4: Es melden sich jeweils die SchülerInnen, die das Klavier mit einer Schraube bzw. einem Radiergummi präpariert haben.

5. Hörgenuss zum Schluss

Den SchülerInnen wird das Stück *Sonata V* auf dem Instrument vorgespielt, das sie gemeinsam präpariert haben. Durch die eigenen Präparationen wurden die SchülerInnen zum Mitgestalter des Klangresultats. *Sonata V* ist eines der Stücke, zu denen auch die Präparationstabelle von Station 2 gehört. Vielleicht erkennen die SchülerInnen ihren Klang wieder.

Im Anschluss werden die Klangfarben des Stücks beschrieben. Die SchülerInnen können dabei auch Bezug auf die Beschreibung des Klangs ihrer eigenen Präparation nehmen. Mögliche Antworten der SchülerInnen:

Das Stück hört sich manchmal wie ein Schlagzeug an. Man kann die Trommeln und Becken richtig gut erkennen.

An einigen Stellen klingt es metallisch. Das sind bestimmt die Schrauben. Andere Stellen hören sich eher dumpf an. Der Ton klingt gar nicht richtig. Zwischen diesen Saiten steckt vielleicht ein Radiergummi.

In der Mitte und am Ende hört es sich wie Glockengeläute an.

Die Töne klingen manchmal verstimmt oder verzerrt.

Zum Abschluss hören die SchülerInnen das Stück *Sonata V* (HB 9) noch einmal mit der originalen Präparation der Aufnahme.

ERWEITERUNGEN

a. Beschäftigung mit den wichtigsten Bauteilen und der Mechanik des Klaviers

b. Besuch eines Klavierbauers

c. Die Funktionen des Klaviers in unterschiedlichen Musiziersituationen (Klavier solo, Klavier als Solist mit Orchesterbegleitung, Klavier als Mitspieler in einem Ensemble, Klavier als Begleiter zur Solostimme ...)

Station 1: Die Erfindung des „präparierten Klaviers"

1938 plante Syvilla Fort, eine bekannte afroamerikanische Choreografin einer Ballettklasse in Seattle (USA), eine Tanzaufführung. Für ihren neuen Tanz beauftragte sie den amerikanischen Komponisten John Cage, eine afrikanisch klingende Musik mit verschiedenen Trommeln und anderen Instrumenten des Schlagzeugs zu schreiben.

Cage galt in dieser Zeit als Meister der Schlagzeugkomposition. Für seine Stücke verwendete er jedoch auch sehr ungewöhnliche Instrumente wie z. B. Bremstrommeln, Küchengeräte, Radkappen, Bleche, Bettfedern oder Holzblöcke.

Doch für die Musik zur Ballettaufführung ergab sich ein Problem: Der Raum war viel zu klein, um das geplante Schlagzeugensemble aufstellen zu können. Die zur Verfügung stehende Fläche war gerade groß genug für einen Flügel.

Das brachte Cage auf eine Idee: Er holte einen Nagel, klemmte ihn zwischen die Klaviersaiten, aber er verrutschte. Also versuchte er es mit einer Schraube und das klappte. Dann versuchte er es mit Radiergummis und verschiedenen anderen Sachen. So verwandelte Cage den Flügel in ein „Schlagzeugorchester". Das „präparierte Klavier" war erfunden!

Aufgaben:

a. Lies dir den Text zur Erfindung des „präparierten Klaviers" genau durch.
b. Wie könnte das von John Cage ursprünglich geplante Schlagzeugensemble ausgesehen haben? Zeichne es hier auf.

Station 2: Wie viele sind es?

Der amerikanische Komponist John Cage experimentierte mit verschiedenen Materialien im Innenraum des Klaviers. Er steckte z. B. Schrauben, Radiergummis, Plastik oder Holzstücke zwischen die Saiten und verfremdete so den ursprünglichen Klang. Dies nennt man Präparation. Damit die Musiker genau wissen, welche Töne sie mit welchen Materialien präparieren müssen, erstellte Cage für seine Stücke eine Tabelle. Dort kann man die exakte Platzierung der unterschiedlichen Materialien ablesen. Die Präparation zu der Komposition *Sonatas and Interludes* dauert etwa drei Stunden!

Aufgaben:

a. Sieh dir die Tabelle der Präparationen genau an.

b. Wie viele Schrauben (*engl.* screw), Schrauben mit Muttern (*engl.* bolt) und Radiergummis (*engl.* rubber) verwendet Cage in seiner Komposition? Schreibe die Anzahl auf dein Blatt.

Bei seiner Komposition *Sonatas and Interludes* verwendet John Cage

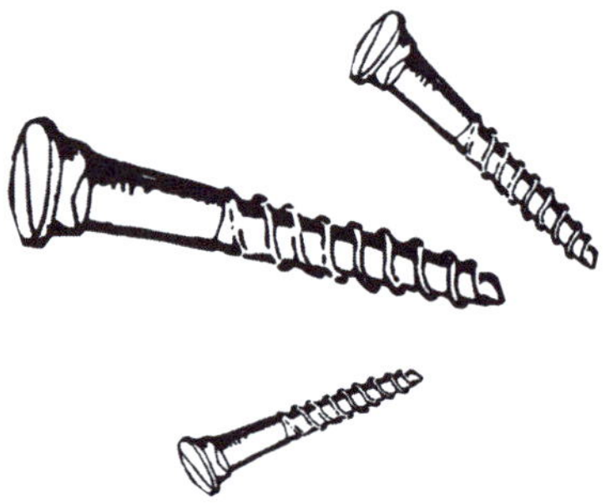

______ Schrauben

______ Schrauben mit Muttern

______ Radiergummis

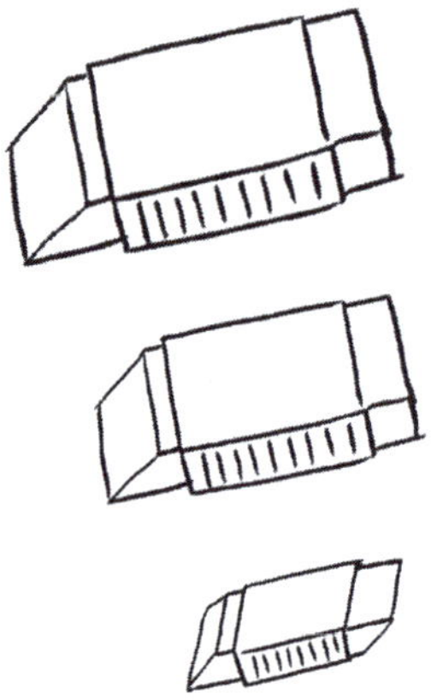

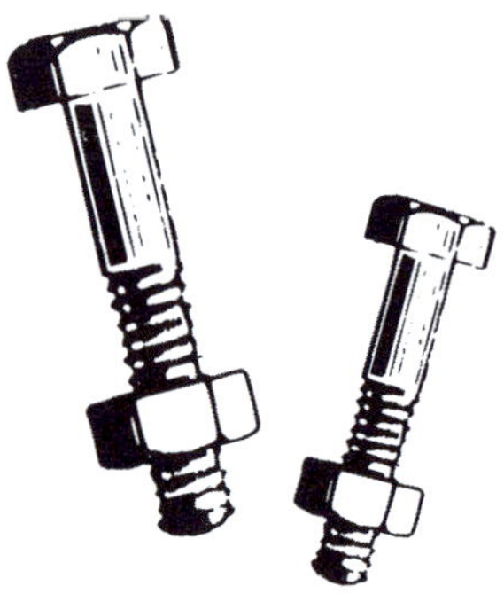

Station 2: Wie viele sind es? – Fortsetzung

John Cage, Sonatas and Interludes: Tabelle der Präparationen

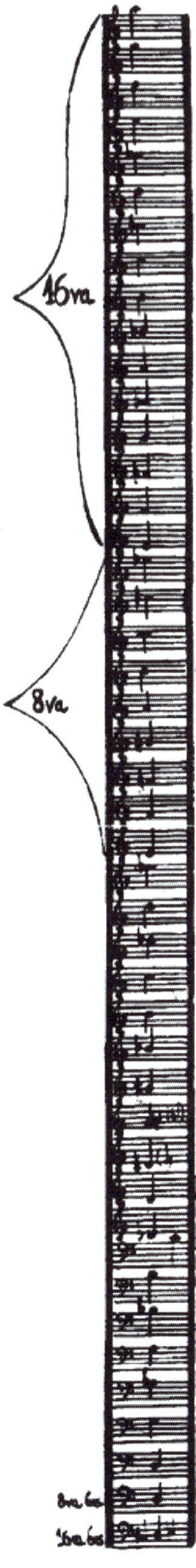

TONE	MATERIAL	STRINGS LEFT TO RIGHT	DISTANCE FROM DAMPER (INCHES)	MATERIAL	STRINGS LEFT TO RIGHT	DISTANCE FROM DAMPER (INCHES)	MATERIAL	STRINGS LEFT TO RIGHT	DISTANCE FROM DAMPER (INCHES)	TONE
				SCREW	2-3	1 3/4*				A
				MED. BOLT	2-3	1 3/8*				G
				SCREW	2-3	1 7/8*				F
				SCREW	2-3	1 15/16*				E
				SCREW	2-3	1 3/4*				E♭
				SM. BOLT	2-3	2*				D
				SCREW	2-3	1 5/16*				C♯
				FURNITURE BOLT	2-3	2 3/16*				C
				SCREW	2-3	2 1/2*				B
				SCREW	2-3	1 7/8*				B♭
				MED. BOLT	2-3	2 3/8*				A
				SCREW	2-3	2 1/4*				A♭
				SCREW	2-3	3 3/4*				G
				SCREW	2-3	2 5/16*				F♯
	SCREW	1-2	3/4*	FURN. BOLT + 2 NUTS	2-3	2 1/8*	SCREW + 2 NUTS	2-3	3 1/4*	F
				SCREW	2-3	1 15/16*				E
				FURNITURE BOLT	2-3	1 7/8				E♭
				SCREW	2-3	1 5/16				C♯
				SCREW	2-3	1 1/16				C
	(DAMPER TO BRIDGE = 4 1/16", ADJUST ACCORDINGLY)			MED. BOLT	2-3	3 3/4				B
				SCREW	2-3	4 5/16				A
	RUBBER	1-2-3	4 1/2	FURNITURE BOLT	2-3	1 1/8				G♯
				SCREW	2-3	1 3/4				F♯
				SCREW	2-3	2 5/16				F
	RUBBER	1-2-3	5 3/4							E
	RUBBER	1-2-3	6 1/2	FURN. BOLT + NUT	2-3	6 7/8				E♭
				FURNITURE BOLT	2-3	2 9/16				D
	RUBBER	1-2-3	3 5/8							D♭
				BOLT	2-3	7 7/8				C
				BOLT	2-3	2				B
	SCREW	1-2	10	SCREW	2-3	1	RUBBER	1-2-3	8 1/4	B♭
	(PLASTIC (see G))	1-2-3	2 5/16				RUBBER	1-2-3	4 1/2	G♯
	PLASTIC (OVER 1, UNDER 2-3)	1-2-3	2 7/8				RUBBER	1-2-3	10 1/8	G
	(PLASTIC (see D))	1-2-3	4 1/4				RUBBER	1-2-3	5 7/16	D♭
	PLASTIC (OVER 1, UNDER 2-3)	1-2-3	4 3/8				RUBBER	1-2-3	9 3/4	D
	BOLT	1-2	15 1/2	BOLT	2-3	11/16	RUBBER	1-2-3	14 1/8	D♭
	BOLT	1-2	14 1/2	BOLT	2-3	7/8	RUBBER	1-2-3	6 1/2	C
	BOLT	1-2	14 3/4	BOLT	2-3	9/16	RUBBER	1-2-3	14	B
	RUBBER	1-2-3	9 1/2	MED. BOLT	2-3	10 1/8				B♭
	SCREW	1-2	5 7/8	LG. BOLT	2-3	5 3/8	SCREW + NUTS	1-2	1	A
	BOLT	1-2	7 3/8	MED. BOLT	2-3	2 1/4	RUBBER	1-2-3	4 5/8	A♭
	LONG BOLT	1-2	8 3/4	LG BOLT	2-3	3 1/4				G
				BOLT	2-3	11/16				D
8va bassa	SCREW + RUBBER	1-2	4 7/16							D
16va bassa	RUBBER (OVER D, UNDER C♯ + E♭) AM. RUBB. CO. #386	1	6 3/4							D

*MEASURE FROM BRIDGE.

ARBEITSBLATT

Station 3: So sieht's aus!

Aufgaben:

a. Sieh dir das Video *Das präparierte Klavier* aufmerksam an und ergänze den Lückentext auf deinem Blatt.
b. Schau dir das Video zur Kontrolle ein zweites Mal an.

Der amerikanische Komponist John Cage erfand um __________ das präparierte Klavier. Seine Erfindung war einem Zufall zu verdanken. Eigentlich wollte Cage Musik für ein ____________________ aufführen. Der vorgesehene Raum war aber nicht groß genug dafür, der Platz reichte nur für einen ____________________. So kam Cage auf die Idee, schlagzeugähnliche Klänge mit einem Flügel zu erzeugen. Dazu steckte er ____________________, ____________________, Holzstücke und Plastikdübel zwischen die Saiten. Das Ergebnis war ein völlig neuartiger Klang: Er erinnert entfernt an Schlagzeugklänge, ist aber ansonsten einzigartig. Das „Prepared Piano" oder ____________________ fand danach Einzug in die Musik des 20. Jahrhunderts und wurde nicht nur von Cage, sondern auch von anderen Komponisten verwendet.

Screenshot aus dem Video „Das präparierte Klavier"

Station 4: Klangexperimente im Innenraum

Aufgaben:

a. Präpariere den Innenraum des Flügels (vorsichtig!) mit einer Schraube oder einem Radiergummi.
b. Beschreibe auf deinem Blatt, wie deine Präparation klingt.

Ich habe das Klavier mit einer /einem ______________________________ präpariert.

So klingt meine Präparation: ______________________________

____

____

Station 2: Wie viele sind es?

Bei seiner Komposition *Sonatas and Interludes* verwendet John Cage

23 Schrauben

25 Schrauben mit Muttern

16 Radiergummis

Station 3: So sieht's aus!

Der amerikanische Komponist John Cage erfand um 1940 das präparierte Klavier. Seine Erfindung war einem Zufall zu verdanken. Eigentlich wollte Cage Musik für ein Schlagzeugensemble aufführen. Der vorgesehene Raum war aber nicht groß genug dafür, der Platz reichte nur für einen Flügel. So kam Cage auf die Idee, schlagzeugähnliche Klänge mit einem Flügel zu erzeugen. Dazu steckte er Schrauben, Radiergummis, Holzstücke und Plastikdübel zwischen die Saiten. Das Ergebnis war ein völlig neuartiger Klang: Er erinnert entfernt an Schlagzeugklänge, ist aber ansonsten einzigartig. Das „Prepared Piano" oder „Präparierte Klavier" fand danach Einzug in die Musik des 20. Jahrhunderts und wurde nicht nur von Cage, sondern auch von anderen Komponisten verwendet.

Station 4: Klangexperimente im Innenraum

Ich habe das Klavier mit einer Schraube / einem Radiergummi präpariert.

So klingt meine Präparation (Beispiel): Durch den Radiergummi kann die Saite nicht richtig schwingen. Daher klingt der Ton sehr dumpf und auch nur sehr kurz.

Station 5:

Cage, der Erfinder
WIR SCHREIBEN DAS JAHR 1938: DIE TÄNZERIN SYVILLA FORT UND DER KOMPONIST JOHN CAGE TREFFEN SICH IM SAAL DER CORNISH AKADEMIE, SEATTLE.
Hi, John! Da bist du ja! Lange nicht gesehen
Hallo Syvilla! Du wolltest etwas mit mir besprechen?
Könntest du nicht ein Stück für meinen neuen Tanz schreiben? Ich werde ihn hier im Saal der Cornish School aufführen.
Klar, mach ich.
Vielleicht könnte es ja etwas Afrikanisches sein, mit vielenv erschiedenen Trommeln und sowas.
Etwas eng ist es hier ja schon. Ob da ein ganzes Ensemble Platz hat?
Alright, mir wird schon etwas einfallen.
Cage kommt nach Hause.
Stuff
... wo war der nur ... ?
Ich hatte doch noch diesen Entwurf ...
Hier findet man aber auch gar nichts!
Stuff
Was ist denn mit dem Klavier los?
O yeah! Klingt interessant! Und braucht vor allem wenig Platz! Mal sehen, was man damit machen kann.

Storyboard und Text: Kerstin Siegrist / Zeichnungen: Sylvie Toporski

John Cage: Sonata V

Musik: John Cage

__________ = Pedal .... = una corda (ital. „eine Saite", „Dämpfer"-Pedale)

Der Besen – ein bewegtes Wesen

Artikulation als musikalischer Ausdruck

Andreas Wickel

▶ **Klasse:** 5

▶ **Zeitbedarf:** 60 Minuten

▶ **Voraussetzungen:**
rudimentäre Kenntnisse im Notenlesen

▶ **Material:**
Pinsel als Klassensatz,
Klavier oder Gitarre

▶ **Arbeitsblätter:**
AB 1: Gedicht
AB 2: *Der Besen – ein bewegtes Wesen*
AB 2: *Der Besen – ein bewegtes Wesen* – Lösung
AB 3: Folienschablonen der Besen
AB 4: „Das Besenmotiv" in *Der Zauberlehrling*

▶ **CD:**
HB 10: Playback: *Der Besen – ein bewegtes Wesen*
HB 11: Paul Dukas: Das Besenmotiv – legato (Vormittag), aus: *L'apprenti sorcier* (Der Zauberlehrling)
HB 12: Paul Dukas: Das Besenmotiv – staccato (Nachmittag), aus: *L'apprenti sorcier* (Der Zauberlehrling)

IDEE

In Paul Dukas' sinfonischer Dichtung *L'Apprenti sorcier (Der Zauberlehrling)* findet sich das Besenmotiv in zwei verschiedenen Variationen. Am deutlichsten unterscheiden sich die beiden Varianten in der verwendeten Artikulation. Zu Beginn – der Besen steht noch ruhig in der Ecke – ertönt das Besenmotiv im Legato. Sobald der Zauberspruch gesprochen ist, werden die Bewegungen des Besens in einem Staccato vertont.

Die SchülerInnen sollen im Laufe der Stunde die Bewegungen des Besens mithilfe eines Pinsels (= Besen) nachvollziehen und die fiktiven Spuren, die der Besen beim Bewegen hinterlässt, aufzeichnen. Dabei ergeben sich aus der vorbereiteten Kontextualisierung zum einen kurze Staccatopunkte (Besen springt auf seinem Stil hin und her) und zum anderen lange Legatobögen (Besen gleitet ganz gemütlich auf den Borsten). Die so erlernten Artikulationszeichen werden anschließend auf das Besenmotiv von Dukas übertragen, indem sie besprochen und benannt, mit dem Höreindruck verknüpft und im Notentext wiederentdeckt werden.

DURCHFÜHRUNG

1. Einstieg und Etablierung der Leitfrage

Die Lehrkraft trägt das Gedicht vor (AB 1). Die SchülerInnen werden zunächst aufgefordert, den Inhalt der Ballade wiederzugeben. Anschließend wird im Unterrichtsgespräch die im Gedicht versteckte, leitende Fragestellung herausgearbeitet und eingekreist: „Wie bewegt sich so ein Besen? Kann man es hören? Kann man es sehen?"

Das Gedicht kann während der gesamten Unterrichtsstunde (z. B. auf Folie) sichtbar bleiben, damit die Lehrkraft immer wieder darauf verweisen kann.

2. Lieder singen

Die SchülerInnen bekommen das AB 2. Die Lehrkraft erzählt die Geschichte vom Besen, der es sich am Vormittag gemütlich macht und durchs Haus schlittert.

Zur Veranschaulichung wird nun das Lied gesungen. Dabei sollte darauf geachtet werden, dass die Artikulationszeichen schon in der Stimme umgesetzt werden, ohne dabei explizit thematisiert zu werden.

Analog dazu wird mit dem zweiten Lied verfahren, in dem beschrieben wird, wie der Besen am Nachmittag alle Hände voll zu tun hat, damit er die Aufgaben des Zauberlehrlings erfolgreich absolvieren kann (HB 10).

3. Erarbeitung der „Besenspuren"

Im Folgenden sollen die SchülerInnen mit Hilfe ihrer Pinsel die fiktiven Besenspuren erproben und in das Zauberhaus malen. Sie bearbeiten dazu die Aufgabenstellungen. Die Sozialform (Einzel-, Partner- oder Gruppenarbeit) kann dabei jeweils den individuellen Anforderungen der Lerngruppe angepasst werden.

Es ist davon auszugehen, dass die meisten SchülerInnen zumindest linien- bzw. punkteähnliche Strukturen konzipieren (siehe AB 2 – Lösung). Ausgewählte Beiträge können auf Folie gesichert und im Unterrichtsgespräch konkretisiert werden.

4. Übertragung auf den Notentext

Anschließend wird von der Lehrkraft die Frage gestellt, ob die entstandenen Strukturen auch in den Notentexten der beiden zuvor gesungenen Lieder zu sehen sind.

Nachdem die SchülerInnen die Legatozeichen im Vormittagslied bzw. die Staccatozeichen im Nachmittagslied lokalisiert haben (noch nicht mit Fachbegriffen benannt), werden die beiden Lieder noch einmal a cappella gesungen. Dabei kann die Lehrperson mit Hilfe der Folienschablonen (AB 3) den Besen über die Noten tanzen lassen und somit die programmatische Idee des Stückes von Dukas visualisieren.

5. Erarbeitung der Infobox

Das AB 4 wird ausgeteilt. Im Folgenden werden die Begriffe „legato" und „staccato" mit Hilfe der Infobox eingeführt. Somit bekommen die im Vorfeld lokalisierten Strukturen einen Namen.

Die Merksätze, die gesungen werden können, verdeutlichen dabei die beiden Begriffe noch einmal auf visueller und auditiver Ebene. Darüber hinaus bieten sie einen Anlass für auflockernde Musikpraxis gegen Mitte der Stunde.

6. Formulierung der Höreindrücke

Danach werden die erlernten Begriffe auf zwei Originalausschnitte aus *Der Zauberlehrling* von Paul Dukas (HB 11–12) übertragen.

Die beiden Hörbeispiele werden vorgespielt und die SchülerInnen erarbeiten sich die Aufgabenstellung 1 und 2, indem sie ankreuzen, welche bewegungsbeschreibenden Adjektive sie der jeweiligen Musik vor dem Hintergrund der leitenden Fragestellung („Wie bewegt sich der Besen in der Musik?") zuordnen würden. Die unteren Zeilen lassen dabei Platz für die Formulierung von individuellen Höreindrücken.

Die SchülerInnen tauschen sich anschließend über ihre Höreindrücke aus. Exemplarische Höreindrücke können auf Folie gesichert werden.

7. Analyse der Artikulationszeichen im Notentext

Zum Schluss der Stunde werden die Artikulationszeichen von den SchülerInnen im Notentext farbig markiert. Die Ergebnisse sollten im Unterrichtsgespräch auf Folie gesichert werden.

8. Zusammenfassung der Ergebnisse

In einer abschließenden Reflexionsrunde in Bezug auf die leitende Fragestellung der Stunde „Wie hört es sich an und wie sieht es aus, wenn der Besen sich in der Musik bewegt?" fassen die SchülerInnen die Ergebnisse noch einmal zusammen. Dabei sollte darauf geachtet werden, dass sie die neu erlernte musiktheoretische Terminologie verwenden und diese als Begründungszusammenhang für ihre Höreindrücke anführen.

ERWEITERUNGEN

Häufig ergibt sich in heterogenen Lerngruppen die Herausforderung, dass SchülerInnen, die ein Instrument erlernen, die Begriffe „legato" und „staccato" schon kennen. In diesem Fall können diese gebeten werden, die beiden Begriffe mit ihren eigenen Worten vor der Klasse zu erläutern statt auf die Infobox zurückzugreifen.

AB 1: Gedicht

DER BESEN – EIN BEWEGTES WESEN?

Text: Andreas Wickel

Man hört im fremden Zauberland,
von einem, der den Leuten nutze.
Von einem Ding, das wohlbekannt,
dir stets die Zauberhütte putze.

Gemunkel ist es stets gewesen,
Gerüchte, die durch's Lande geh'n.
Denn: Wie bewegt sich so ein Besen?
Kann man es hör'n? Kann man es seh'n?

Ein altes Lied, ein einz'ges nur,
man singt es oft im Zauberland.
Es gilt als Hinweis, gilt als Spur,
wie der Besen zur Bewegung fand.

Frage:

- Worum geht es in den einzelnen Strophen des Gedichtes? Fasse den Inhalt kurz zusammen.

Strophe 1: ______________________________

____

Strophe 2: ______________________________

____

Strophe 3: ______________________________

____

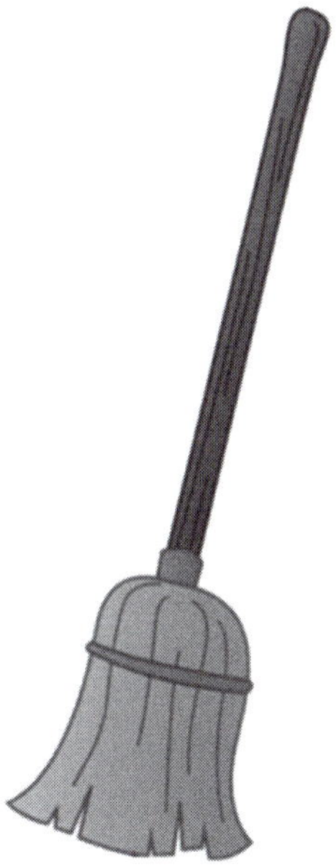

AB 2: Der Besen – ein bewegtes Wesen

Musik und Text: Andreas Wickel

vormittags

Musik und Text: Andreas Wickel

nachmittags

Aufgaben:

a. Lies noch einmal den Text der beiden Strophen und stelle dir den Besen dabei genau vor.

b. Nimm deinen Besen (Pinsel) und überlege, wie es aussehen könnte, wenn sich der Besen vormittags bzw. nachmittags durch das Zauberhaus bewegt.

c. Der Besen hat durch seine Bewegungen Spuren im Zauberhaus hinterlassen. Überlegt euch, wie diese Spuren vormittags bzw. nachmittags aussehen könnten und malt sie mit einem Stift ins Zauberhaus.

AB 2: Der Besen – ein bewegtes Wesen – Lösung

vormittags

nachmittags

AB 3: Folienschablonen des Besens

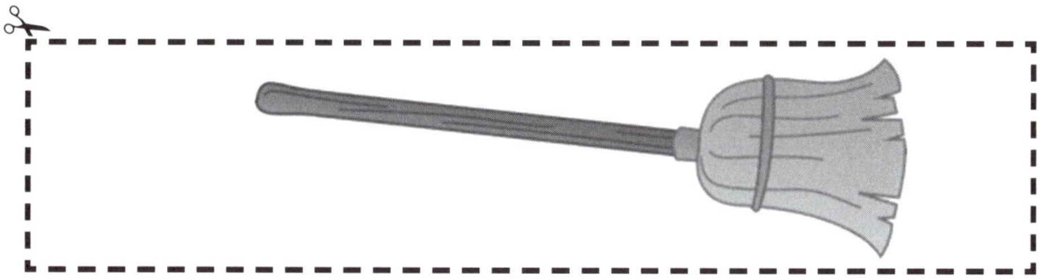

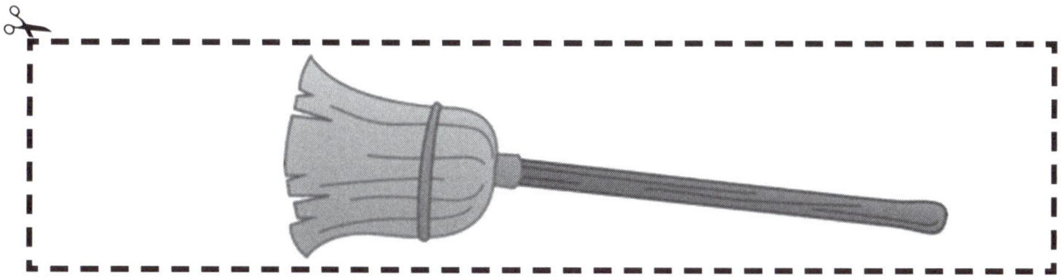

AB 4: Das Besenmotiv in *Der Zauberlehrling*

Infobox: Artikulationszeichen

Die Artikulationszeichen geben Auskunft darüber, wie kurz oder lang eine Note gespielt wird.

staccato: Die Note wird kurz gespielt. Ein Staccato erkennen wir an einem Punkt, der oberhalb oder unterhalb des Notenkopfes steht:

oder

Merksatz:

Musik und Text: Andreas Wickel

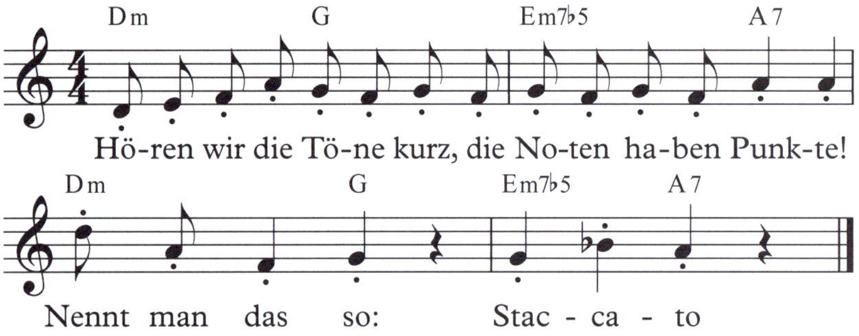

legato: Die Note wird in der vollen Länge gespielt und an die nächste Note durch einen Bindebogen angebunden:

Merksatz:

Musik und Text: Andreas Wickel

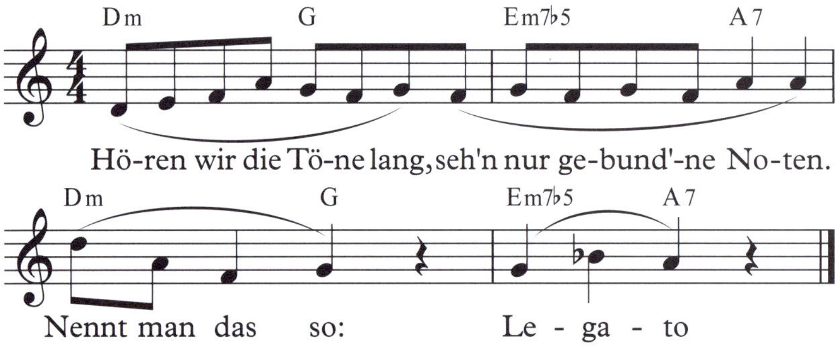

Aufgaben:

a. Wie empfindest du die Bewegungen des Besens in der Musik? Kreuze deine Höreindrücke für jedes der beiden Hörbeispiele an. Formuliere eventuell eigene Höreindrücke.

b. Tausche dich mit deinem Sitznachbarn begründend über eure Höreindrücke aus.

Wie bewegt sich der Besen in der Musik?

	Hörbeispiel 1	Hörbeispiel 2
gleitend:	☐	☐
holpernd:	☐	☐
fließend:	☐	☐
rumpelnd:	☐	☐
polternd:	☐	☐
rutschend:	☐	☐
stolpernd:	☐	☐
schlitternd:	☐	☐
	☐	☐
	☐	☐

c. Könnt ihr die Bewegungen des Besens auch in den Noten sehen? Markiert alle Spuren (Artikulationszeichen) farbig, die der Besen hinterlassen hat.

Musik: Paul Dukas

„Der Vogelfänger bin ich ja“

Eine Liedgestaltung zur Arie des Papageno

Sonja Klein

© Fotolia/adreanalinapura

- **Klasse:** 5 – 6
- **Zeitbedarf:** 90 Minuten
- **Voraussetzungen:** keine
- **Material:**

1 Feder pro Kind
2 kleine Äste bzw. 2 Klanghölzer (für die Hälfte der Klasse)
2 Laubblätter bzw. 1 Handtrommel (für die Hälfte der Klasse)

- **Arbeitsblätter:**

AB 1: Lied und Mitspielsatz
AB 2: Klavierbegleitung G-Dur (Originaltonart)
AB 3: Klavierbegleitung F-Dur

- **CD:**

HB 13: Wolfgang Amadeus Mozart: *Der Vogelfänger bin ich ja* (Vorspiel, 1. Strophe, Zwischenspiel), aus: *Die Zauberflöte*
HB 14: Wolfgang Amadeus Mozart: *Der Vogelfänger bin ich ja* (1. Strophe, Zwischenspiel), aus: *Die Zauberflöte*

IDEE

Die Zauberflöte von Wolfgang Amadeus Mozart (1756–1791) ist eine der meist gespielten und beliebtesten Opern überhaupt. Das märchenhafte Libretto von Emanuel Schikaneder (1751–1812) sowie die vielen bekannten Melodien bieten zahlreiche Anknüpfungspunkte für SchülerInnen einer 5. oder 6. Klasse. In dieser Stunde erhalten die SchülerInnen einen handlungsorientierten Zugang zu der Auftrittsarie „Der Vogelfänger bin ich ja“ des Papageno: Sie bewegen sich mit Federn zur Musik, singen die erste Strophe der Arie, erarbeiten Begleitrhythmen mit Ästen und Laubblättern bzw. Klanghölzern und Handtrommeln und gestalten das Lied somit auf eine vielfältige Art und Weise.

DURCHFÜHRUNG

1. Der Vogelfänger stellt sich vor

Während die SchülerInnen den Raum betreten, hören sie die Arie *Der Vogelfänger bin ich ja* (HB 13) als Einstimmung in die Stunde.

Nach der Begrüßung werden die SchülerInnen aufgefordert, sich passend zur Musik (HB 14) auf einer freien Fläche zu bewegen. Es ist auch erlaubt, erst einmal stehenzubleiben und zuzuhören. Die Bewegungen sollten sich in jedem Durchgang, dem Charakter der Musik entsprechend, verbessern.

Die SchülerInnen setzen sich wieder auf ihre Plätze und beschreiben ihre Höreindrücke. Die Antworten werden an der Tafel gesammelt und anschließend ins Heft übertragen (Beispiele: das Lied klingt fröhlich und tänzerisch; hüpfende Bewegungen [„hopsasa"]; ein Mann singt; es geht um einen Vogelfänger; an manchen Stellen spielt die Flöte eine schnelle, aufsteigende Melodie; man hört Streichinstrumente ...).

Es folgt eine kurze Information zur Figur des Papageno: Papageno ist von Beruf Vogelfänger und sammelt Vögel für die Königin der Nacht. Er selbst trägt ein Federkleid und spielt auf einer Rohrflöte, um die Vögel anzulocken. Zum Tausch bringen ihm die drei Damen der Königin sein täglich Speis' und Trank. Papageno ist ein bunter, lustiger aber nicht immer ehrlicher Zeitgenosse. Er redet gern und viel und ist auf der Suche nach einem weiblichen Ebenbild, einer Papagena.

2. Bewegungsgestaltung mit Federn

Jeder Schüler erhält eine Feder (des Vogelfängers). Es folgt eine kurze Explorationsphase mit dem Material: Die Federn sind leicht, man kann sie durch die Luft pusten und zu Boden sinken lassen, man kann MitschülerInnen damit kitzeln, usw.

Die SchülerInnen bewegen sich nun mit ihrer Feder frei zur Musik (HB 13). Dabei sollten sie die Eigenschaften der Musik, die sie zu Beginn der Stunde formuliert haben (fröhlich, tänzerisch, leicht ...) in ihren Bewegungen umsetzen. Erklingt die Pfeifmelodie der Flöte, bleiben die SchülerInnen stehen und machen mit der Feder eine schnelle Handbewegung nach oben.

3. Singen des Liedes

Die SchülerInnen erhalten AB 1. *Der Vogelfänger bin ich ja* wird zur Klavierbegleitung einstudiert (in der Originaltonart G-Dur oder alternativ einen Ton tiefer in F-Dur). Als kurzes Vorspiel können die letzten beiden Takte mit Auftakt erklingen.

4. Mitspielsatz zum Lied

Um die Vögel anzulocken, spielt Papageno auf seiner Flöte. Behilflich sind ihm dabei auch die Geräusche, die mit Ästen und Laubblättern erzeugt werden.

Alle SchülerInnen üben die Pattern 1 und 2 des Mitspielsatzes zunächst mit Bodypercussion. Der Text hilft ihnen bei der Ausführung. Gelingen die Begleitrhythmen, werden sie auf die Materialien bzw. Instrumente übertragen.

Es werden drei Gruppen gebildet: Eine Gruppe singt das Lied (und führt die Bewegungen mit der Feder bei der Pfeifmelodie dazu aus), eine Gruppe spielt Pattern 1, die andere Pattern 2 dazu. Dann werden die Gruppen getauscht.

Zum Abschluss erklingt noch einmal das Lied *Der Vogelfänger bin ich ja* (HB 14).

ERWEITERUNGEN

a. Schauen eines Opernmitschnitts der Szene

b. Opernbesuch der *Zauberflöte* zum Abschluss der Unterrichtseinheit

© Wikipedia/Eweht

AB 1: Lied und Mitspielsatz

Musik: Wolfgang Amadeus Mozart
Text: Emanuel Schikaneder
Mitspielsatz: Sonja Klein

SPIELANWEISUNG

Pattern 1:

Material/Instrumente: Äste bzw. Klanghölzer (vorsichtig) an die Tischkante schlagen
Bodypercussion: mit beiden Händen auf die Oberschenkel patschen

Material/Instrumente: Äste bzw. Klanghölzer über Kreuz aneinanderschlagen
Bodypercussion: klatschen

Pattern 2:

Material/Instrumente: Laubblätter aneinanderreiben bzw. über das Fell der Handtrommel wischen
Bodypercussion: Hände aneinanderreiben

AB 2: Klavierbegleitung G-Dur

Musik: Wolfgang Amadeus Mozart
Text: Emanuel Schikaneder
Satz: Sonja Klein

13
mich auf's Pfei - fen zu ver - steh'n. Drum
17
kann ich froh und lus - tig sein, denn al - le Vö - gel
20
sind ja mein.
f

AB 3: Klavierbegleitung F-Dur

Musik: Wolfgang Amadeus Mozart
Text: Emanuel Schikaneder
Satz: Sonja Klein

13
mich auf's Pfei - fen zu ver - steh'n.
Drum
17
kann ich froh und lus - tig sein, denn al - le Vö - gel
20
sind ja mein.
f

Kammys Abenteuer in Tripico Town

Ein abenteuerlicher Blick auf Triole & Co.

Julian Oswald

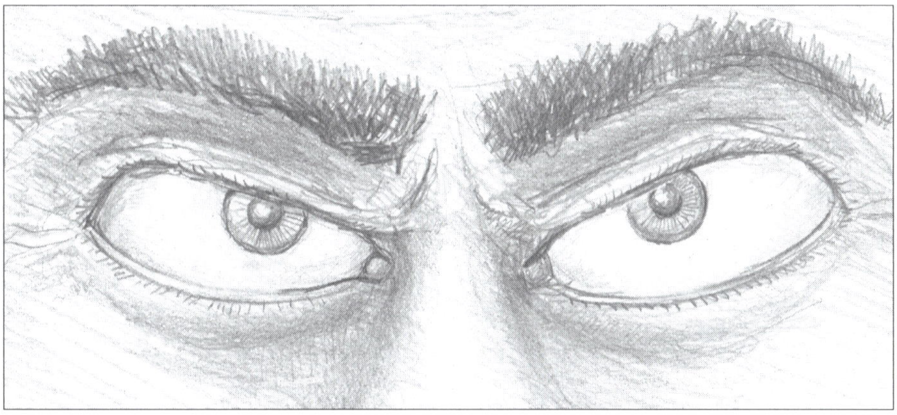
© Robert Rist

IDEE

Sobald die SchülerInnen die rhythmischen Phänomene Triole, Synkope und Punktierung erlernt haben, soll diese Comicgeschichte einen spielerischen Ansatz zur praktischen Anwendung dieser drei Dinge bieten.

DURCHFÜHRUNG

1. Vorbereitung
Zunächst werden die zu lesenden Rollen an SchülerInnen aus der Klasse verteilt:

- Kammy, der schüchterne Held der Geschichte,
- das kleine Mädchen,
- die vier Mariachi,
- drei Bewohner der Stadt Tripico Town,
- Erzähler (Text, der keiner Person zugeordnet ist).

2. Die Geschichte beginnt
Anschließend wird die Powerpoint-Präsentation gestartet und die benannten SchülerInnen lesen anhand der Comicgeschichte ihre Rollen, bis hin zu Folie 13 („Viel Glück, Fremder"). Wir erfahren, dass Kammy sich nach Tripico Town verirrt hat und dort als Fremder nicht gerne gesehen ist. Nur wenn er drei Prüfungen besteht, wird er von den Einwohnern akzeptiert. Auch wird die erste Aufgabe erklärt, das „Saloonpoltern".
Auf Folie 14 erscheinen nun drei Rhythmen, die die SchülerInnen nachklatschen sollen. Die Aufgabe gilt dann als geschafft, wenn die ganze Klasse alle drei Rhythmen erlernt hat und nachklatschen kann.
Es folgt die zweite Prüfung. Folie 19 zeigt ein Notenblatt mit Lücken, welches die SchülerInnen vervollständigen sollen. Den SchülerInnen wird kurz Zeit gegeben, um die Aufgabe zu lösen (sie dürfen sich dafür Notizen auf ein Notenblatt machen). Anschließend wird der Lückentext von links oben nach rechts unten verbessert (die Folien einfach weiterklicken, die Lösung wird Stück für Stück ergänzt).

3. Der große Showdown
Haben die SchülerInnen alles richtig ausgefüllt, wird die Geschichte wiederum bis Folie 27 weitererzählt. Nun erlernen sie den Song, der den vorangegangenen Übungen Pate stand: die Stadthymne von Tripico Town (HB 15 + AB).
Die letzte Prüfung gilt als geschafft, wenn die Klasse den Song erlernt hat. Ist dies geschehen, klickt die Lehrkraft die letzten Folien der Präsentation durch und die SchülerInnen lesen den Epilog der Geschichte.
Als Abschluss der Stunde wird der Song zur häuslichen Nachbereitung ausgeteilt mit der (Haus-) Aufgabe, alle Triolen, Synkopen und Punktierungen im Stück zu markieren.

ERWEITERUNGEN

Um für die Geschichte eine möglichst spannende und „westernhafte" Stimmung zu erzeugen, kann man, während die Geschichte erzählt wird, leise im Hintergrund passende Musik mitlaufen lassen. Das kann prinzipiell Vieles sein, von der Filmmusik aus *Spiel mir das Lied vom Tod* bis hin zu mexikanischer Folkloremusik. Für die Durchführung dieser Unterrichtseinheit wurde als Untermalung der gleichnamige Titelsong des Animationsfilms *Rango* verwendet.
Wer eine stärkere Beteiligung der SchülerInnen wünscht, kann die Folien der Präsentation, die die Geschichte erzählen, auch ausdrucken und den SchülerInnen gewissermaßen als „Drehbuch" ausgeteilen. Sie können dann die Szenen auch mimisch und gestisch selbst gestalten; die Bilder des Comics dienen dabei als Anregung für die szenische Umsetzung.

▶ **Klasse:** 6
▶ **Zeitbedarf:** 45 Minuten
▶ **Voraussetzungen:** Begriffe Triole, Synkope, Punktierung kennen und anwenden können
▶ **Material:**
Klavier, Gitarre
▶ **Arbeitsblätter:**
AB: Das Lied von Tripico Town
▶ **CD:**
HB 15: Playback: *Das Lied von Tripico Town*
Powerpoint-Präsentation: *Kammys Abenteuer in Tripico Town*

AB: Das Lied von Tripico Town

Musik und Text: Julian Oswald

2. Hoch oben von den Bergen kam der Held damals herab,
Meister im Schach und der Beste im Bingo.
Mit Blei in seinen Adern und 'ner Brust so hart wie Stahl
nahm er es mit jedem Cowboy auf – Ringo.
Refrain: Einfach nur Ringo …

3. Bei Damen sehr beliebt für seine Stimme sanft und klar,
sie baten ihn immer wieder: „Nun sing, oh,
du Held, der uns betört, von dem die ganze Welt gehört',
was für ein Mann, komm und sing für uns – Ringo."
Refrain: Einfach nur Ringo …

Eine Melodie verändert sich

Erarbeitung des Begriffes Variation am Beispiel des Liedes *Morgen kommt der Weihnachtsmann*

Lotta Sukiennik

IDEE

Die SchülerInnen erarbeiten sich die Idee und Definition des Begriffes „Variation" auf der Grundlage im Plenum einstudierter Variationen des Liedes *Morgen kommt der Weihnachtsmann*, indem sie vier Takte des Themas und zwei Variationen im Klassenverband musizieren und diese genauer auf ihren Aufbau hin untersuchen.

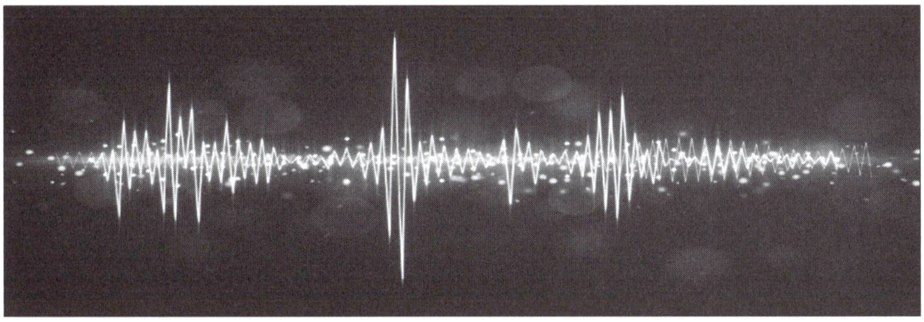

DURCHFÜHRUNG

1. Spielen des Themas und angeleitete Improvisation
Das Thema wird im Klassenverband zweimal durchgespielt (AB), wobei auf eine korrekte Ausführung der einzelnen Parameter geachtet werden sollte.
Die Spielweise wird unter Anleitung der Lehrkraft in Bezug auf einzelne Parameter (Lautstärke, Artikulation legato/staccato) nach Vorschlägen der SchülerInnen verändert.

2. Variationen spielen, Hypothese aufstellen
Die beiden ausnotierten Variationen werden im Klassenverband notengetreu umgesetzt (AB). Im Unterrichtsgespräch werden Hypothesen (z. B. „Bei Teil 2 und 3 werden bestimmte Merkmale beibehalten und andere verändert.") aufgestellt oder Fragestellungen (z. B. „Was bleibt gleich, was verändert sich?") entwickelt, die beinhalten, dass das Stück als solches erkannt wird, da bestimmte Merkmale verändert, andere aber beibehalten werden.

3. Untersuchung des Notentextes
Exemplarisch wird das Thema gemeinsam im Plenum untersucht, damit das Vorgehen für alle SchülerInnen transparent und nachvollziehbar wird. Darauf werden die ersten beiden Takte der Variationen in Partnerarbeit untersucht, indem die SchülerInnen die Melodietöne markieren, die Anzahl der verschiedenen Töne und die Notenwerte, die am häufigsten vorkommen, benennen. Die Ergebnisse werden besprochen und mit den Vermutungen abgeglichen.

4. Erarbeitung der Definition „Variation"
Die SchülerInnen erfassen auf Basis der gefundenen Merkmale das Prinzip Variation. Der Begriff der Variation wird von der Lehrkraft eingeführt. Auf Grundlage der Ergebnisse der Analyseaufgabe wird mit den SchülerInnen eine Definition erarbeitet. Diese wird auf Folie festgehalten und von den SchülerInnen auf den Arbeitsblättern notiert.

5. Instrumentalpraxis
Um das erlernte Prinzip bewusst anzuwenden, werden Thema und Variationen noch einmal im Klassenverband musiziert. Ggf. können im Klassengespräch weitere Veränderungsideen gesucht werden.

ERWEITERUNGEN

Die dritte Variation, welche nur die Gerüsttöne der Melodie enthält, kann als Lerntempo-Differenzierung für die schnelleren SchülerInnen genutzt werden.
Sollte in der Stunde noch Zeit übrig sein, können die SchülerInnen spontan weitere Möglichkeiten der Veränderung suchen und diese direkt praktisch umsetzen (improvisierte Variation).

Als Hausaufgabe sollen die SchülerInnen sich selbst eine viertaktige Variation des Themas überlegen, welche sie notieren und der Lehrkraft einreichen. So kann überprüft werden, ob das Prinzip selbstständig umgesetzt werden kann.
Um das Gelernte handelnd nachzuvollziehen, können in Einzel- und Kleingruppenarbeit erarbeitete Variationen im Klassenverband musiziert und in Bezug auf die zuvor erarbeiteten Variationstechniken reflektiert werden.
In der Folgestunde können ausgewählte Variationen aus Mozarts Variationsreihe *Ah vous diraj-je, maman* (KV 265) in Bezug auf die verwendete Variationstechnik und den vermittelten Charakter mittels Hör- und Notentextanalyse untersucht werden.

- ▶ **Klasse:** 5
- ▶ **Zeitbedarf:** 60 Minuten
- ▶ **Voraussetzungen:**
  Noten lesen und auf Instrumenten umsetzen können
- ▶ **Material:**
  Keyboards/Glockenspiele oder andere Melodieinstrumente
- ▶ **Arbeitsblätter:**
  AB: Eine Melodie verändert sich
  Lösungsangebot: Eine Melodie verändert sich

AB: Eine Melodie verändert sich

Musik: Volksweise

1. ______________________________

2. ______________________________

3. ______________________________

ZUSATZAUFGABE

4. ______________________________

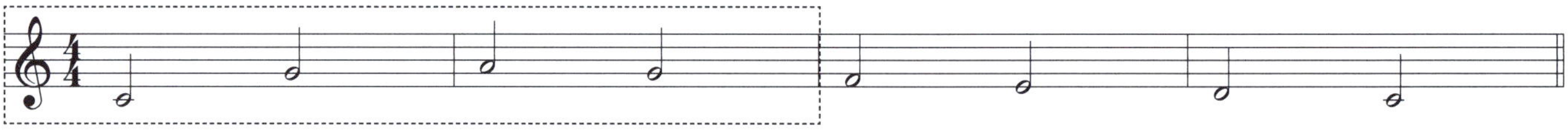

Aufgaben:

Sieh dir jeweils die ersten beiden Takte genau an, indem du

a. die Melodietöne des Themas in den Beispielen mit einem Buntstift umkreist.
b. die Anzahl der verschiedenen Töne nennst, z. B. 3 (c, d, e).
c. die Notenwerte nennst, die am meisten vorkommen, z. B. Viertel.

1. Thema ____________

2. ____________

3. ____________

2. ____________
3. ____________

2. ____________
3. ____________

2. ____________
3. ____________

Die Veränderung einer Melodie bezeichnet man in der Musik als

____________________________ .

ZUSATZAUFGABE

4. ____________

2. ____________
3. ____________

AB: Eine Melodie verändert sich

1. Thema

2. Variation 1

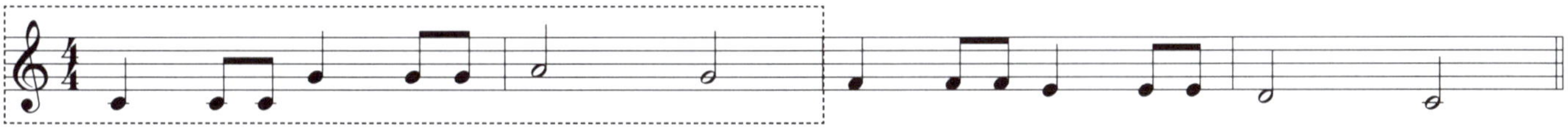

Rhythmische Veränderung

3. Variation 2

Melodische Veränderung (Durchgangsnoten)

ZUSATZAUFGABE

4. Variation 3

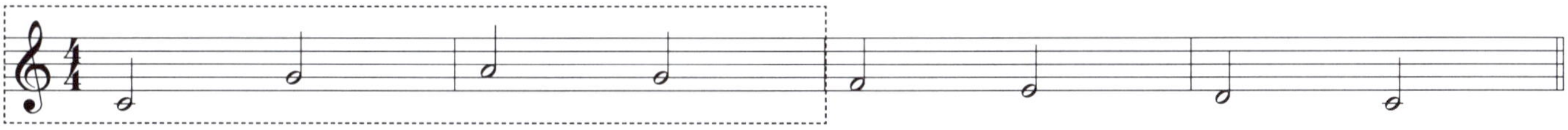

Augmentation (Verlängerung der Notenwerte)

1. Thema

2. c, g, a (3)
3. Viertel, Halbe (2)

2. Variation 1

2. c, g, a (3)
3. Viertel, Achtel, Halbe (3)

Die Veränderung einer Melodie bezeichnet man in der Musik als **Variation**.

3. Variation 2

2. c, d, e, f, g, a (6)
3. Achtel, Viertel, Halbe (3)

ZUSATZAUFGABE

4. Variation 3

2. c, g, a (3)
3. Halbe (1)

Spiegel im Spiegel

Eine ruhige Bewegungsgestaltung zu Musik von Arvo Pärt

Sonja Klein

▶ **Klasse:** 6

▶ **Zeitbedarf:** 90 Minuten

▶ **Voraussetzungen:** ruhige und vertrauensvolle Atmosphäre, Platz für Bewegungen

▶ **Material:** Handspiegel oder CD-Rohling

▶ **Arbeitsblätter:**

AB: *Spiegel im Spiegel* (Ausschnitt)

Lösungsangebot: *Spiegel im Spiegel*

▶ **CD:**

HB 16: Arvo Pärt: *Spiegel im Spiegel* (Ausschnitt)

IDEE

SchülerInnen einer 5. oder 6. Klassenstufe berichten häufig, dass sie gerne ruhige Musik zur Entspannung hören. Diese Stunde greift das Bedürfnis der SchülerInnen auf. Ruhe, aber auch Einfachheit und Reduktion sind wesentliche Merkmale der Musik von Arvo Pärt (* 1935). Diese Eigenschaften ermöglichen es auch jüngeren SchülerInnen, das Stück *Spiegel im Spiegel* hörend und über die Bewegung zu analysieren. Am Ende der Stunde entsteht eine bewegte Interpretation des Stücks mit (zufälligen) Lichtreflexionen und Spiegelbildern.

DURCHFÜHRUNG

1. Spiegelübung mit Partner

Während die SchülerInnen den Raum betreten, hören sie das Stück *Spiegel im Spiegel* (HB 16). Bereits die Musik gibt ihnen einen Hinweis darauf, dass Ruhe und Entspannung zentrale Elemente der Stunde sind.

Die SchülerInnen stellen sich auf einer freien Fläche zu zweit gegenüber; die Musik erklingt wieder. Ein Partner führt, der andere spiegelt die Bewegungen seines Gegenübers. Dabei sollte nicht erkennbar sein, wer führt und wer folgt. Dies gelingt, wenn die Bewegungen – dem Ges-

tus der Musik entsprechend – langsam und fließend sind. Nach einiger Zeit wird gewechselt und der andere Partner führt.
Es folgt ein kurzer Austausch mit dem Partner über die gewonnenen Erfahrungen. Wer möchte, darf sich anschließend auch im Plenum äußern.

2. Spiegelübung mit zwei Paaren
Zwei Paare stellen sich in einem Kreis zusammen. Die Aufgabe bleibt die gleiche, nur dass jetzt drei SchülerInnen einer Bewegung folgen. Nach einer gewissen Zeit wechseln die SchülerInnen die Führung, aber ohne sich dabei abzusprechen.
Während der Spiegelübung gibt die Lehrkraft die Anweisung, den Kreis innerhalb der Gruppe zu vergrößern. Die einzelnen Kreise werden immer größer, sodass sie auch ineinander übergehen. Der Fokus bleibt dabei stets auf der Person aus der eigenen Gruppe, die gerade führt. Anschließend werden die Kreise wieder enger und kleiner, sodass die einzelnen Gruppenmitglieder wieder nah beieinander stehen.
Eine Veränderung der Perspektive ergibt sich, wenn die Klasse geteilt wird. Eine Hälfte führt die Spiegelübung noch einmal aus, die andere Hälfte beobachtet die Bewegungsgestaltung von außen. Danach werden die Gruppen getauscht.
Kurze Reflexionen zwischen den Übungen machen das Erlebte bewusst.

3. Die Wirkung der Musik
Zurück auf den Plätzen folgt ein Wirkungsgespräch über die Musik. Die Antworten werden an der Tafel gesammelt und anschließend ins Heft übertragen (Beispiele: Die Musik klingt sehr ruhig und entspannt; sie ist leise; Meditationsmusik; die Bewegungen waren langsam; man hört eine Geige und ein Klavier; die Geige spielt lange Töne; das Klavier eher kurze Töne; die Töne wiederholen sich).
Die SchülerInnen erfahren, dass die Komposition von Arvo Pärt den Titel *Spiegel im Spiegel* trägt und stellen einen Bezug zur Spiegelübung her.

4. Exploration des Materials
Der Titel *Spiegel im Spiegel* wird nun auch mit einem Material aufgegriffen: Jeder Schüler erhält einen kleinen Handspiegel oder einen CD-Rohling.
Es folgt eine Explorationsphase mit dem Material: Wie kann ich mich damit bewegen? Kann ich einen einfallenden Lichtstrahl reflektieren? Welche anderen Reflexionen entstehen? Gelingt mir ein unendliches *Spiegel im Spiegel*-Bild mit einem Partner?
Der Einsatz eines Materials ist den SchülerInnen auch bei den folgenden Bewegungsaufgaben hilfreich. Sie können sich daran „festhalten" und leichter freie Bewegungsformen ausprobieren.

5. Lange und fließende Bewegungen
Haben die SchülerInnen bis jetzt den Gesamtklang der Musik in Bewegungen umgesetzt, wird der Fokus nun auf die Melodie der Violine sowie die gebrochenen Akkordviertel der rechten Hand des Klaviers gerichtet. Die folgenden Hör- und Bewegungsübungen sollten als Orientierung für die SchülerInnen auch von der Lehrkraft mitgemacht werden.
Bei jeder Übung bietet es sich wieder an, die Klasse in eine „Bewegungsgruppe" und eine „Beobachtungsgruppe" zu teilen. Die Erfahrungen und Beobachtungen werden im Plenum ausgetauscht und dienen der Verbesserung der Bewegungsgestaltungen.
Die SchülerInnen verteilen sich – diesmal jeder für sich alleine – auf der freien Fläche. Sie erhalten die Aufgabe, nur auf die Violine zu hören und den Melodieverlauf mit dem Spiegel bzw. CD-Rohling in der Luft nachzuzeichnen. Ausgehend von kleineren Bewegungen mit den Armen, werden die Bewegungen schließlich auf den gesamten Körper übertragen (langsame Bewegungen auf einer Ebene, Wechsel der Ebene entsprechend dem Tonhöhenverlauf, die Bewegungen sind fließend und stocken nicht, die Körperteile können gebeugt und lang ausgestreckt werden. Bei jedem Tonwechsel wird die Bewegungsrichtung geändert).
Die „körperliche Höranalyse" wird nun anhand eines Notenausschnitts (AB) überprüft, welchen die SchülerInnen auf ihrem Platz erhalten. In einem Unterrichtsgespräch analysieren die SchülerInnen den Melodieverlauf der Violine nach ihrem Wissensstand und stellen einen Bezug zum Titel des Stücks her. Zur Sicherung werden die Ergebnisse in den Noten markiert und beschriftet. Die Melodielinie wird mit dem Finger zur Musik verfolgt.
Mit der visuellen Kenntnis des Notenbildes wird die Violinstimme noch einmal in Bewegung umgesetzt.

6. Kurze und eckige Bewegungen
Der Fokus richtet sich nun auf die Dreiklangsbrechungen des Klaviers. Auch diese Klänge werden mit dem Material nachgezeichnet (pro Viertel eine kurze Bewegung, Wechsel der Ebene entsprechend dem Tonhöhenverlauf, die Bewegungen sind eckig, die Körperteile werden gekrümmt und wieder gestreckt).
Es folgt die analytische Betrachtung des Notenbildes (AB). Zur Musik werden die Viertel im Notentext mit dem Finger geräuschhaft mitgezeigt.
Mit der visuellen Kenntnis des Notenbildes werden die gebrochenen Akkordviertel der rechten Klavierhand noch einmal in Bewegung umgesetzt.

7. Bewegte Interpretation
Die SchülerInnen entwickeln abschließend eine Bewegungsgestaltung mit den Spiegeln bzw. CD-Rohlingen zur Musik von Arvo Pärt. Dabei sind folgende Leitfragen hilfreich:
a. Wer setzt die Violinstimme in Bewegung um, wer die Dreiklangsbrechungen des Klaviers? Auf welchen Positionen befinden sich die SchülerInnen im Raum? Sind alle von Anfang an zu sehen? Bleiben alle an einer Stelle stehen oder gibt es Bewegungen durch den Raum?
b. Je nach Konzentration und Ideen der SchülerInnen kann die Musik an der gewünschten Stelle (wenn der zentrale Ton a' in der Violine erklingt) langsam ausgeblendet werden.
c. Ein Ortswechsel, z. B. in das Treppenhaus der Schule, eröffnet weitere Gestaltungsmöglichkeiten. Musikalisch begabte SchülerInnen (älterer Klassenstufen) können das Stück *Spiegel im Spiegel* auch live zur Bewegungsgestaltung spielen.

ERWEITERUNGEN

a. Entwickeln einer eigenen Komposition mit ruhigen und spiegelbildlichen Gestaltungselementen.
b. Beschäftigung mit Dreiklängen und Dreiklangsbrechungen.

AB: Spiegel im Spiegel (Ausschnitt)

Musik: Arvo Pärt

AB: Spiegel im Spiegel

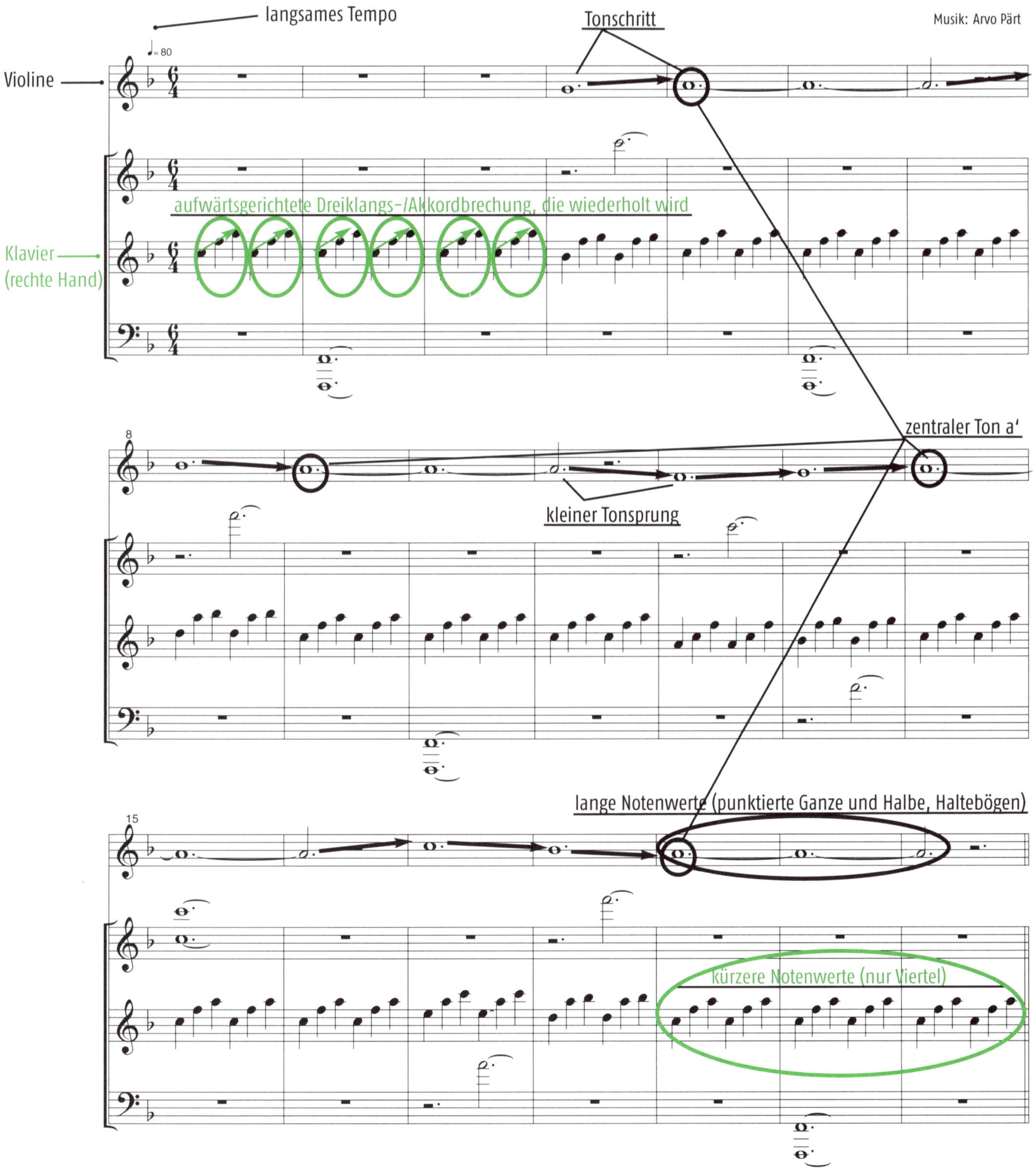

Bezug zum Titel des Stücks:

- Auf- und Absteigen der Melodie: spiegelbildliches Verhältnis der Bewegungsrichtung
- stetige Wiederholung der gebrochenen Akkordviertel: Unendlichkeit eines „Spiegel im Spiegel"-Bildes

Was ist mit Bruder Jakob los?

Erklärung der Stimmungsänderung durch musikalische Parameter

Lotta Sukiennik

IDEE

In dieser Stunde erfahren SchülerInnen, wie verschiedene musikalische Parameter den Ausdruck von Musik bestimmen und verändern können.

DURCHFÜHRUNG

1. (Kurze) Einsinggeschichte zur Begrüßung

Nach der Begrüßung beginnt die Lehrkraft die Einsinggeschichte zu erzählen: „Heute Morgen hat im Kloster ‚…' (hier können Sie den Namen Ihrer Schule einsetzen) der Wecker geklingelt und wir waren noch sehr müde." [In alle Richtungen strecken, ein paarmal herzhaft gähnen.] „Wir gingen ins Badezimmer und putzten uns mit unserem Lieblingston die Zähne." [Alle summen einen Ton mit geschlossenem Mund, Zähne offen.] „Dann testeten wir mit der Zunge, ob unsere Zähne auch schon sauber sind." [Neuer Ton wird gesummt, die Zunge kontrolliert währenddessen die Zähne.] „Wir zogen uns an und machten den

- **Klasse:** 6
- **Zeitbedarf:** 60 Minuten
- **Voraussetzungen:** Zuordnung stimmungsbeschreibender Adjektive, Kenntnis der Parameter Tempo, Dynamik, Artikulation und ggf. Tongeschlecht
- **Material:** Klavier
- **Arbeitsblätter:**

AB 1: Stimmung der Musik
AB 2: Notentextanalyse
AB 3: Parameter
Lösungsangebot: Parameter

- **CD:**

HB 17: Gustav Mahler: 3. Satz, *Feierlich und gemessen, ohne zu schleppen* (Ausschnitt), aus: Sinfonie Nr. 1 D-Dur

Reißverschluss unserer Kutte zu." [Zungen-r mit geschlossenen Lippen]
„Doch was ist das? Bruder Jakob ist immer noch nicht da; hat der schon wieder verschlafen? Wir klopfen an seine Tür und singen: *Bruder Jakob, Bruder Jakob.*"
Das Singen des bekannten Kinderliedes bietet einen motivierenden Einstieg für die SchülerInnen und fungiert gleichzeitig als Brücke zum Stück.

2. Die Stimmung des Kinderliedes
Den SchülerInnen wird *Bruder Jakob* durch die auf musikalischer Sozialisation beruhende Singweise als „Aufwecklied" ins Gedächtnis gerufen. In einem kurzen Unterrichtsgespräch wird die Stimmung des Kinderliedes in Stichpunkten gesammelt.

3. Hören und Stimmung ausdrücken
Die SchülerInnen hören die ersten achtzehn Takte des dritten Satzes aus der ersten Sinfonie von Gustav Mahler (HB 17) und markieren in Einzelarbeit alle Adjektive, die ihrer Meinung nach die Stimmung des Stückes am besten wiedergeben (AB 1).
In einem kurzen Austausch einigen sich die SchülerInnen mit ihrem Sitznachbarn auf drei Adjektive.
Die Adjektive werden auf Folie gesammelt und mit der ermittelten Stimmung von *Bruder Jakob* gegenübergestellt. Durch die so geschaffene kognitive Dissonanz können die SchülerInnen eine Leitfrage entwickeln, z. B. „Was ist mit Bruder Jakob los?", „Warum ist die Stimmung so anders?" oder „Warum ist die Stimmung hier so ernst, traurig?"

4. (Hör- und) Notentextanalyse
Nachdem die Aufgabenstellung und eventuelle Fragen geklärt wurden, untersuchen die SchülerInnen in Einzelarbeit die Parameter Tempo, Dynamik, Artikulation und Melodie bzw. Tongeschlecht, indem sie Markierungen im Notentext vornehmen (AB 2) und die Ergebnisse in ihr „Parameterarbeitsblatt" (AB 3) eintragen. Ein Austausch mit dem Sitznachbarn bereitet die Präsentationsphase vor.

5. Präsentation/Besprechung der Ergebnisse
Je ein Schülerpaar stellt seine Ergebnisse vor und belegt diese für das Plenum am Notentext, die anderen SchülerInnen verbessern und ergänzen gegebenenfalls. In einem zusammenfassenden Unterrichtsgespräch wird die Leitfrage beantwortet und der Zusammenhang von musikalischen Parametern und Stimmungsänderung in einem Ergebnissatz formuliert. Abschließend wird der Ausschnitt aus Gustav Mahlers erster Sinfonie noch einmal gehört (HB 17).

ERWEITERUNGEN

Um das Gelernte handelnd nachzuvollziehen, können die einzelnen Parameter singend verändert bzw. angepasst werden. Für die SchülerInnen wird so noch einmal erfahrbar gemacht, dass alle Parameter für die Veränderung verantwortlich sind. Sie könnten zusätzlich die Erfahrung machen, dass manche Parameter, beispielsweise die Veränderung von Dur zu Moll, die Stimmung stärker beeinflussen als andere.
Als kreative Auseinandersetzung mit der Interpretation können die SchülerInnen als Hausaufgabe einen Liedtext zu Mahlers *Bruder Jakob*-Version erfinden.
Auf Grundlage dieser Stunde kann der Parameter Tongeschlecht besonders hervorgehoben und erarbeitet werden, sollte dieser noch nicht eingeführt worden sein.

Bruder Jakob, schläfst du noch?

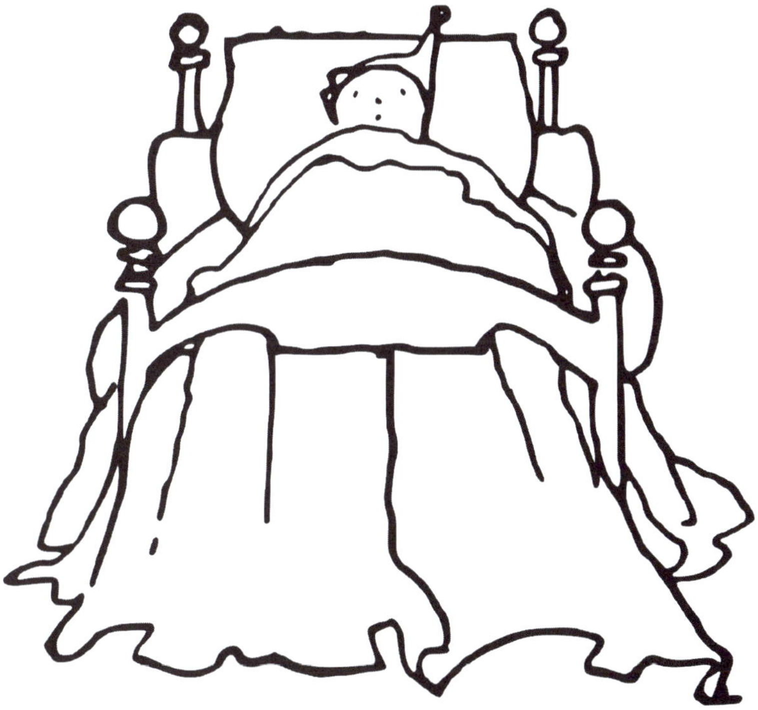

AB 1: Stimmung der Musik

Aufgaben:

- Markiere die Adjektive, welche die Stimmung des Stückes beschreiben.
- Einige dich mit deinem Partner auf drei Adjektive und markiere diese in einer anderen Farbe.

aufregend	friedlich	gemächlich	klagend	fröhlich	zart	ernst	feierlich	ruhig	beschwingt
schwer	dunkel	munter	vergnügt	humorvoll	lustig	sonnig	kraftvoll	traurig	

AB 2: Notentext

Aufgaben:

- Untersuche Notenbeispiel 1:
  - **a.** Markiere alle Angaben zu Dynamik (grün), Tempo (blau), Instrumentenbesetzung (gelb) und Artikulation (lila) im Notentext.
  - **b.** Trage die Ergebnisse in die Kästen auf AB 3 ein.
- Vergleiche die Melodien der Notenbeispiele 1 und 2:
  - **a.** Gibt es verschiedene Tonhöhen? Kreise sie im Notenbeispiel 1 ein.
  - **b.** Welche Unterschiede findest du im Melodieverlauf von Notenbeispiel 1 im Vergleich zu Notenbeispiel 2? Trage sie im Kasten Melodie ein.

NOTENBEISPIEL 1: BRUDER JAKOB (GUSTAV MAHLER)

Kontrabass, Fagott, Violoncello, Tuba, Klarinette
(setzen nacheinander ein)

Musik: Gustav Mahler

feierlich und gemessen, ohne zu schleppen

NOTENBEISPIEL 2: BRUDER JAKOB (KINDERLIED)

Musik: überliefert

AB 3: Parameter

Stimmung:

____

____

Dynamik: __________

____

Tempo: __________

____

Melodie / Tongeschlecht: __________

____

Instrumentenbesetzung: __________

____

Artikulation: __________

____

Die Veränderung musikalischer Parameter verändert auch die __________ eines Stückes (kann sie sogar ins Gegenteil verkehren). Dadurch, dass Gustav Mahler *Bruder Jakob* im __________ Tempo, im __________ (Dynamik), __________ (Artikulation) und mit (leicht) veränderter __________ von tiefen __________ spielen lässt, erhält das Stück eine __________ Stimmung.

AB 3: Parameter

Stimmung:

Dynamik: pianissimo

Tempo: largo (langsam)

Melodie / Tongeschlecht: fis wird f, h wird b, d wird a, eine Viertel wird zu zwei Achteln (Durchgangsnoten) / Moll

Instrumentenbesetzung: Kontrabass, Fagott, Violoncello, Tuba, Klarinette (tief, warm)

Artikulation: legato

Die Veränderung musikalischer Parameter verändert auch die Stimmung eines Stückes (kann sie sogar ins Gegenteil verkehren). Dadurch, dass Gustav Mahler *Bruder Jakob* im langsamen Tempo, im pianissimo (Dynamik), legato (Artikulation) und mit (leicht) veränderter Melodie von tiefen Instrumenten spielen lässt, erhält das Stück eine traurige, feierliche ... Stimmung.

Die Sinfonie

Ein Mitspielsatz zum vierten Satz (Schlusssatz) aus der Sinfonie Nr. 40 von Wolfgang Amadeus Mozart

Sonja Klein

IDEE

Die wichtigste musikalische Gattung der Wiener Klassik ist die Sinfonie. In dieser Stunde lernen die SchülerInnen den mitreißenden Beginn des vierten Satzes aus Mozarts Sinfonie Nr. 40 g-Moll kennen. Der Mitspielsatz ermöglicht es den SchülerInnen, die rhythmische Struktur sowie den Wechsel zwischen piano und forte nachzuvollziehen. Außerdem üben die SchülerInnen, sich in einer einfachen Partitur zu orientieren und diese zu dirigieren. Der handlungsorientierte Zugang eröffnet weitere Möglichkeiten zur Analyse des originalen Partiturausschnitts.

DURCHFÜHRUNG

1. Mitspielsatz erarbeiten

Während die SchülerInnen den Raum betreten, hören sie den Beginn des vierten Satzes der Sinfonie Nr. 40 von Wolfgang Amadeus Mozart als Einstimmung in die Stunde (HB 18).

Bei dem Mitspielsatz kann zwischen einer Stift- oder Bodypercussion gewählt werden. In einer kurzen Explorationsphase erkunden die SchülerInnen die verschiedenen Klangmöglichkeiten mit Stiften bzw. mit dem Körper. Einzelne Ideen werden aufgegriffen und von allen SchülerInnen ausprobiert.

Die Erarbeitung der einzelnen Patterns erfolgt zunächst über Vor- und Nachmachen mit der ganzen Klasse. Dabei ist es hilfreich, wenn die Bewegungen der Stifte bzw. des Körpers von der Lehrkraft mitgesprochen werden und die originale Melodie zur Stift- bzw. Bodypercussion von der Lehrkraft angedeutet wird.

Um den genauen Ablauf der Stimmen 1 und 2 zu erarbeiten, erhalten die SchülerInnen den Mitspielsatz (AB 1) zur Orientierung. Dabei sollte auch auf die richtige Dynamik geachtet werden (farbige Markierung im Notentext!). Schwierige Stellen werden wiederholt und gesichert.

Die Klasse wird in zwei Gruppen aufgeteilt und den beiden Stimmen zugeordnet. Der gesamte Mitspielsatz wird zur Musik gespielt. Anschließend werden die beiden Stimmen getauscht.

2. Gestaltungsmerkmale der Musik und Aufbau der Partitur

Der Beginn des vierten Satzes der Sinfonie weist einige prägnante gestalterische Merkmale auf. Diese werden anhand des Mitspielsatzes und mithilfe des originalen Partiturausschnitts (AB 2) erarbeitet. Weiterhin eignen sich die SchülerInnen ein Grundwissen zur Partitur an und werfen einen Blick auf die Struktur des Notenbildes:

a. Auftakt: Die zweitaktigen Phrasen beginnen alle mit einem Auftakt.

b. Wechsel zwischen piano und forte: In der Partitur lässt sich gut der Wechsel zwischen einer kleineren Instrumentengruppe (piano) und dem ganzen Orchester (forte) erkennen.

c. „Mannheimer Rakete“: Die „Mannheimer Rakete“ ist eine schnelle, aufsteigende Tonfolge in der Melodiestimme, die meist am Beginn einer musikalischen Phrase steht. Sie wurde insbesondere von dem Musikerkreis der sogenannten „Mannheimer Schule“ verwendet.

d. Partitur: In einer Partitur (ital. „partitura“ = Einteilung) sind alle an einem Stück beteiligten Instrumente notiert. Die Instrumente werden zu Gruppen zusammengefasst. Innerhalb ihrer Gruppe sind die Instrumente nach der Tonhöhe sortiert. Alles, was übereinander steht, erklingt gleichzeitig. Die Partitur wird vom Dirigenten benutzt.

3. Dirigieren des Stücks

Die SchülerInnen lernen die Dirigierfigur für den Alla-breve-Takt (𝄵). Eine Grafik ist auf dem Partiturausschnitt abgebildet. Die Dirigierfigur wird zum Hörbeispiel ausgeführt. Dabei sollten die SchülerInnen üben, sich für die Einsätze zum Mitspielsatz in die entsprechende Richtung zu drehen.

Zum Abschluss der Stunde wird ein Dirigent bestimmt, der zur Musik dirigiert und den beiden Gruppen zum Mitspielsatz die Einsätze gibt.

ERWEITERUNGEN

Die SchülerInnen können die Sitzordnung des Orchesters zur Zeit der Wiener Klassik im Vergleich zu anderen Epochen lernen.

▶ **Klasse:** 6
▶ **Zeitbedarf:** 90 Minuten
▶ **Voraussetzungen:** keine
▶ **Material:** 2 Stifte
▶ **Arbeitsblätter:**
AB 1: Mitspielsatz
AB 2: Partiturausschnitt
Lösungsangebot: Partiturausschnitt
▶ **CD:**
HB 18: Wolfgang Amadeus Mozart, 4. Satz, *Allegro assai* (Ausschnitt), aus: Sinfonie Nr. 40 g-Moll KV 550

AB 1: Mitspielsatz

Mitspielsatz: Sonja Klein

Spielanweisung

Stimme 1:

Material: zwei Stifte über Kreuz aneinanderschlagen
Bodypercussion: klatschen

Material: beide Stifte an die Tischkante schlagen
Bodypercussion: beide Hände auf die Oberschenkel patschen

Material: beide Stifte senkrecht auf die Tischplatte klopfen
Bodypercussion: stampfen (abwechselnd rechts und links)

Stimme 2:

Material: abwechselnd den rechten und linken Stift an die Tischkante schlagen
Bodypercussion: abwechselnd mit der rechten und linken Hand auf die Oberschenkel patschen

Material: den linken Stift flach auf den Tisch schlagen
Bodypercussion: mit der linken Hand an den Brustkorb patschen

Material: den rechten Stift mit der flachen Seite über den Tisch wischen
Bodypercussion: mit der rechten Hand über den Bauch wischen

AB 2: Partiturausschnitt

Wolfgang Amadeus Mozart: Sinfonie Nr. 40 g-Moll KV 550, vierter Satz (Allegro assai) – Ausschnitt

Aufgaben:

a. Markiere in der Partitur mit der entsprechenden Farbe, zu welchen Instrumentengruppen des Orchesters die Instrumente jeweils gehören:
- Holzbläser (gelb),
- Blechbläser (grün),
- Streicher (hellblau).

b. Beschrifte in der Partitur:
- Zweiertakt (Alla-breve-Takt),
- Melodie (= Hauptstimme),
- Auftakt.

c. Markiere in der Melodie den Wechsel zwischen
- piano (blau) und forte (rot)
- die Mannheimer Rakete (⟶).

Dirigierfigur für den Zweiertakt (Alla-breve-Takt):

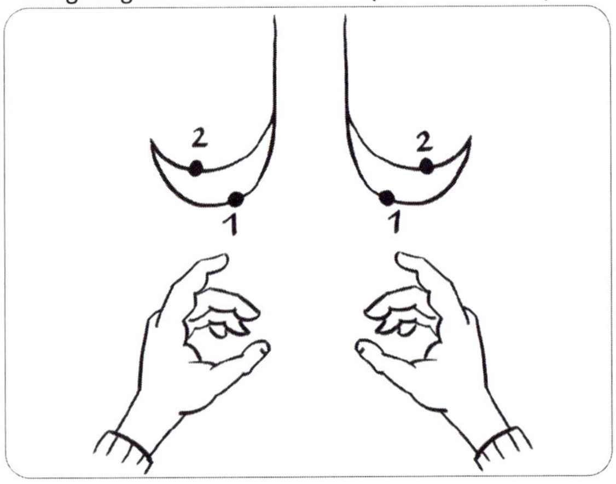

AB 2: Partiturausschnitt

Wolfgang Amadeus Mozart: Sinfonie Nr. 40 g-Moll KV 550, vierter Satz (Allegro assai) – Ausschnitt

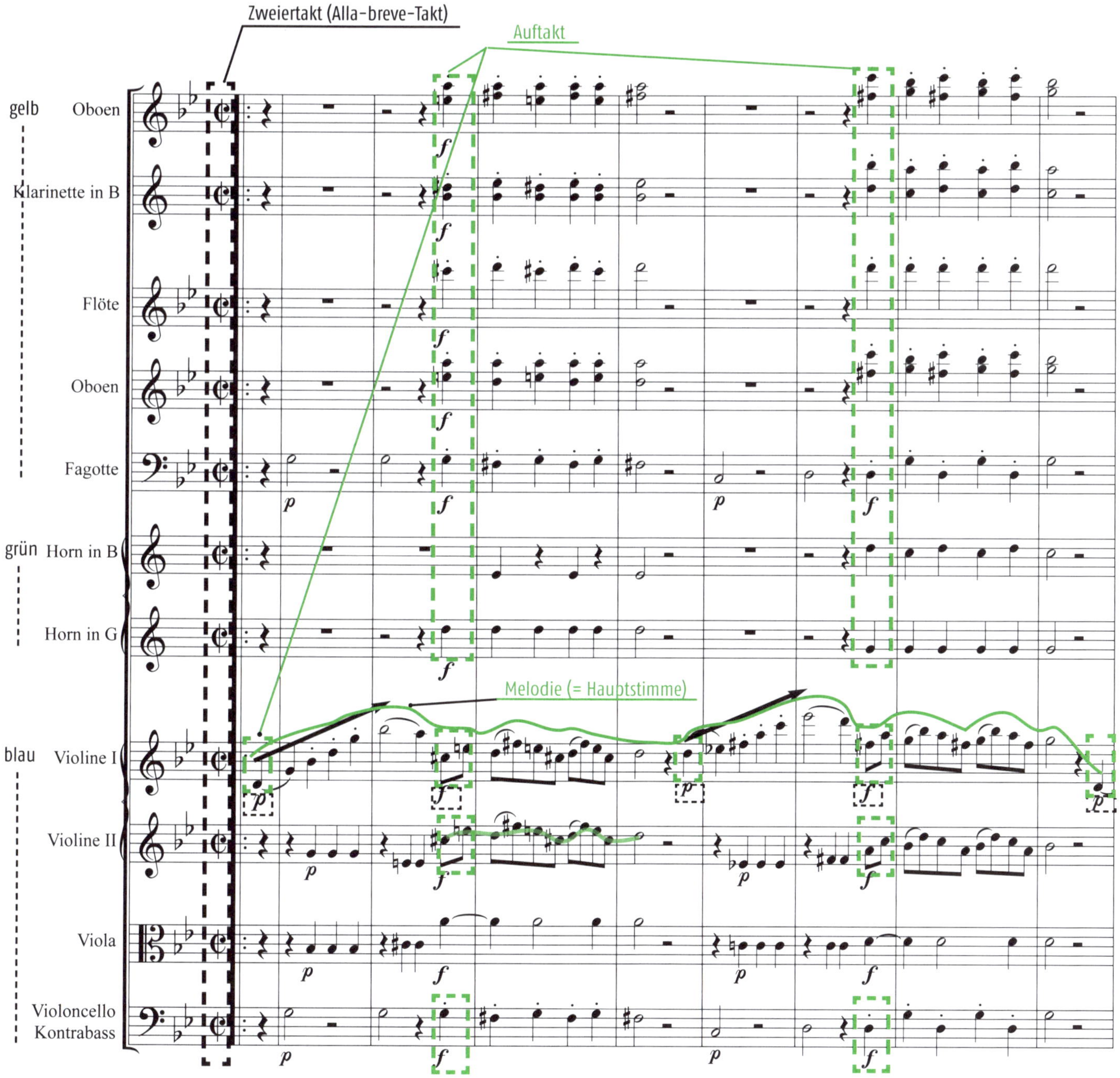

Kreise, Punkte, wilde Linien

Musikalische Assoziationen visualisieren

Lotta Sukiennik

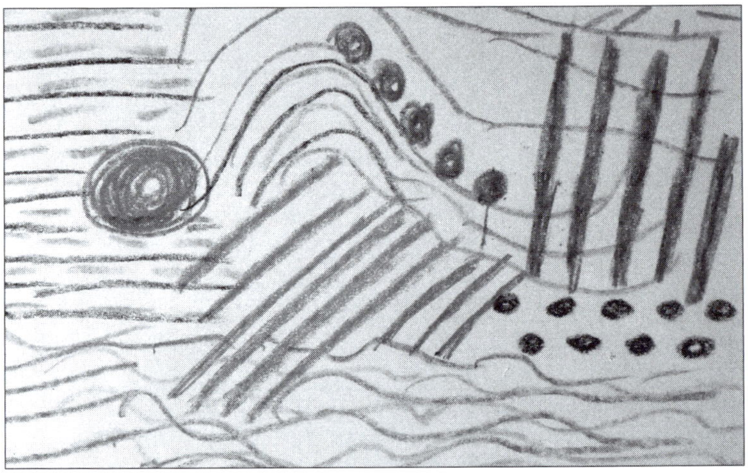

IDEE

Die SchülerInnen setzen die musikalischen Besonderheiten, ihre Wahrnehmungen und ihre Empfindungen der Stücke *Bydło* und *Ballett der Küchlein in ihren Eierschalen* aus Modest Mussorgskis *Bildern einer Ausstellung* in Bilder um. Sie lernen dadurch, Klangeigenschaften von Musik zu veranschaulichen und den grundlegenden Charakter eines Stückes darzustellen. Aufbauend auf ihrer Reflexion der Bilder und der Musik können sie die beiden Stücke vergleichend betrachten.

DURCHFÜHRUNG

1. Einführung in das Vorgehen

Die Lehrkraft erklärt das Vorgehen der Stunde: „Heute lernt ihr zwei sehr unterschiedliche Stücke kennen. Und nachdem ihr schon ganz verschiedene Umgangsweisen mit Musik kennengelernt habt, malen wir heute zur Musik. Ihr bekommt gleich pro Tisch einen Kasten mit Wachsmalstiften und ein Blatt Papier für jeden von Euch. Dann hören wir uns zunächst das erste Stück an und ihr malt die Musik. Ganz wichtig ist, dass ihr nichts Gegenständliches malt. Keine Bäume, Häuser, Menschen oder Tiere, sondern Formen, Linien, Punkte, Flächen."

2. „Malphase"

Zwei Kinder verteilen die Stifte und ein Kind verteilt die Blätter. Die Kinder schreiben auf das erste Blatt eine kleine Eins.

Beim ersten Hören (HB 19) betrachten die SchülerInnen zunächst nur die Farben und überlegen, welche sie verwenden wollen. Vor dem zweiten Hören bekommen sie noch einmal die Erinnerung, nicht gegenständlich zu malen. Ob das Stück ein drittes Mal gespielt wird, entscheidet sich spontan: Wenn die SchülerInnen bereits gestalterisch tätig sind bzw. ihren ersten Versuch „verbessern", kann auf eine weitere Wiederholung verzichtet werden.

Beim Einsammeln der Bilder sollte die Lehrkraft darauf achten, dass sie die Bilder so einsammelt/sortiert, dass in der Gruppenarbeit kein Kind sein eigenes Bild erhält.

Die gleiche Vorgehensweise findet mit dem zweiten Hörbeispiel (HB 20) statt. Die SchülerInnen kennzeichnen ihr Blatt mit einer kleinen Zwei. Während die Lehrkraft die zweiten Bilder einsammelt, sollten ausgewählte SchülerInnen die Farben einsammeln und die Arbeitsblätter (AB) verteilen.

3. Reflexionsphase

In der Auswertungsphase werden Vierergruppen gebildet. Die SchülerInnen suchen sich aus den ihnen zugeteilten Bildern dasjenige Bild (1) heraus, welches ihrer Meinung nach die Musik am besten widerspiegelt. Ihre Entscheidung sollen sie schriftlich begründen.

Kriterien für die Reflexion sind Malstil, Farbauswahl, Auswahl und Anordnung der Bildmotive bzw. Zeichen. In dieser Phase dürfen die SchülerInnen beim erneuten Hören des Stückes ausnahmsweise ganz leise zur Musik sprechen.

Die ausgewählten Bilder werden an die eine Tafelseite gehängt. Ein Gruppensprecher stellt die Begründungen der Gruppe vor.

Die Vierergruppen gehen in gleicher Weise mit dem zweiten Bild vor.

Die aufgehängten Bilder verdeutlichen den Kontrast zwischen den beiden Stücken visuell. Die Bilder und die dazugehörigen Begründungen bilden nun eine gute Grundlage für die vergleichende Betrachtung der beiden Musikstücke.

ERWEITERUNGEN

Diese Vorgehensweise lässt sich auf viele andere Musikstücke übertragen. Wichtig bei der Auswahl der Stücke ist, dass diese sehr kontrastreich sind, damit die entstehenden Bilder genügend Kommunikationsanlass bieten (z. B. *Hühner und Hähne* und *Der Schwan* aus dem *Karneval der Tiere* von Camille Saint-Saëns).

▶ **Klasse:** 5

▶ **Zeitbedarf:** 90 Minuten

▶ **Voraussetzungen:** keine

▶ **Material:** 2 DIN-A4-Blätter pro SchülerIn, Wachsmalstifte, Magnete

▶ **Arbeitsblätter:**

AB: Auswahl und Reflexion der Bilder (1 pro Gruppe)

▶ **CD:**

HB 19: *Bydło*

HB 20: *Ballett der Küchlein in ihren Eierschalen*

beide aus: Modest Mussorgski/Maurice Ravel (Orchesterfassung), *Bilder einer Ausstellung*

AB: Auswahl und Reflexion der Bilder

Aufgaben:

Gemeinsamkeiten von Musik und Bild?

a. Einigt euch in eurer Gruppe auf ein Bild (von jedem Hörbeispiel), welches die Musik eurer Meinung nach am besten widerspiegelt.

b. Begründet eure Auswahl in Stichpunkten. Die untenstehenden Leitfragen können euch dabei helfen.

1. Was auf dem Bild hat euch auf den ersten Blick an die Musik erinnert?
2. Wie wurde die Musik in das Bild übertragen?
   - Welche Formen, Zeichen und Motive sind auf dem Bild zu sehen und für welche Besonderheiten der Musik könnten sie stehen?
   - Welche Farbe(n) wurden verwendet und für welche Stimmung in der Musik könnten sie stehen?
   - Findet sich die Anordnung der Formen, Zeichen und Motive auf dem Bild in der Musik wieder?

c. Entwickelt aus dem Bild und euren Klangeindrücken einen Titel für das Musikstück.

Titel 1: ______________________________

____

____

____

Titel 2: ______________________________

____

____

____

Was war Ihr Motiv?

Horst steht vor Gericht oder Die zwei Geständnisse

Andreas Wickel

IDEE

Den Begriff „Motiv" kennen SchülerInnen nicht nur aus der Musiktheorie, sondern auch aus dem Kontext von Fernsehkrimis (Verhör, Gerichtsverhandlung). Mit einer kleinen Geschichte werden beide Bedeutungen des Begriffs in dieser Stunde miteinander verschmolzen. Zu einer absurden Anschuldigung, der als Motiv beide Male Tollpatschigkeit zugrunde liegt, liefert Horst zwei gegensätzliche Variationen als Erklärung. Diese Erklärungsvariationen unterscheiden sich auch auf der musikalischen Ebene durch eine entsprechend gegensätzliche Benutzung der musikalischen Parameter (Artikulation, Dynamik und Rhythmus) bei gleichbleibendem Tonhöhenverlauf (als konstituierendes Element eines musikalischen Motivs). Auf diese Weise können die SchülerInnen hier auf sehr plakative Art und Weise erste Erfahrungen mit der Analyse von Motiv und Variation machen.

DURCHFÜHRUNG

1. Musikalische Parameter wiederholen

Die Stunde beginnt mit einer Einführung/Wiederholung der musikalischen Parameter Artikulation, Dynamik und Rhythmus. Dies kann mit dem Satz „Guten Morgen, liebe Schüler, wir geh'n heute ins Gericht." passieren.

- Artikulation: Der Satz wird entsprechend abgehackt oder getragen vorgelesen.
- Dynamik: Der Satz wird laut und leise vorgelesen.

▶ **Klasse:** 6

▶ **Zeitbedarf:** 45–60 Minuten

▶ **Voraussetzungen:** Kenntnis der Parameter Artikulation (legato, staccato), Dynamik (forte, piano) und Rhythmus (Notenwerte)

▶ **Material:** Klavier oder Gitarre

▶ **Arbeitsblätter:**

AB 1: Was war Ihr Motiv? (Doppelseite --> DIN A3 oder verkleinern)

AB 2: Untersuchung der Variationen

Lösungsangebot: Untersuchung der Variationen

▶ **CD:**

HB 21 und 22: Playback: *Am Morgen*, Variation 1 / Variation 2

- Rhythmus: Die einzelnen Silben des Satzes werden unterschiedlich rhythmisiert.

2. Horsts Geständnisse musizieren

Das Arbeitsblatt (AB 1) wird ausgeteilt und der einleitende Text von einem Schüler vorgelesen. Die beiden Geständnisse von Horst werden anschließend musiziert (HB 21 + 22). Dabei sollte auf die genaue Umsetzung der im Anschluss zu analysierenden Parameter geachtet werden. Ein Fokus kann zunächst auf die ersten acht Takte des ersten Stückes gelegt werden, weil sie im wesentlichen das musikalische Material enthalten, welches anschließend mit anderem Text wiederholt wird.

In den letzten beiden Takten des zweiten Stückes unterscheidet sich der Melodieverlauf in den Notenwerten, da hier der Parameter „Rhythmus" variiert wird.

3. Vorentlastende Analyse der Geständnisse

Die im Anschluss zu analysierenden Textstellen sollten nun im Unterrichtsgespräch noch einmal genau beschrieben werden. Fragen könnten dabei z. B. sein:

- Wie ist Horsts Frau drauf? (Dynamik)
- Wie genau sieht es aus, wenn Horst ins Bad läuft? (Artikulation)
- Was passiert mit der Zahnbürste? (Rhythmus)

Ziel dieser Phase ist, dass allen SchülerInnen die Gegensätzlichkeit der Geschehnisse bewusst wird.

4. Analyse des Wort-Ton-Verhältnisses

Das Arbeitsblatt (AB 2) wird ausgeteilt. Vor der Erarbeitungsphase sollte allen SchülerInnen der Begriff des „Wort-Ton-Verhältnisses" erläutert werden. Anschließend analysieren die SchülerInnen die Notenausschnitte. Je nach Leistungsstärke der Gruppe kann hier auf die Sozialform der Einzel-, Partner- oder Gruppenarbeit zurückgegriffen werden.

5. Sicherung und Reflexion der Ergebnisse

Die Sicherung der Ergebnisse kann z. B. stichwortartig auf Folie erfolgen. Anschließend werden die Ergebnisse noch einmal mit den musiktheoretischen Begriffen „Motiv" und „Variation" verknüpft: Das Motiv, die Zahnbürste in das Klo zu schmeißen, war bei beiden Geständnissen dasselbe: Tollpatschigkeit. Diese Konstante wird durch den gleichbleibenden Tonhöhenverlauf ausgedrückt. Es gibt allerdings zwei verschiedene Variationen der Vorkommnisse, die sich einmal durch die Gegensätzlichkeit auf der Textebene sowie auf der musikalischen Ebene auszeichnen.

ERWEITERUNGEN

Wenn Zeit eingespart werden soll, dann kann die Lehrperson das Lied auch alleine vorsingen.

Zur Unterstützung der genauen Rezeption der beiden Liedtexte können diese nach der musikalischen Erarbeitung szenisch umgesetzt werden.

AB 1: Was war Ihr Motiv?

Horst befindet sich in einer schlimmen Lage, denn er steht vor Gericht. Ihm wird vorgeworfen, die Zahnbürste seiner Frau ins Klo geschmissen zu haben, die ihn darauf prompt angezeigt hat. Der Richter ist sehr streng und will wissen, welches Motiv Horst für diese abscheuliche Tat hatte. Horst ist ehrlich und antwortet: „Tollpatschigkeit im Bad".
Der Richter ist völlig verdattert und möchte es genauer wissen. Doch Horst scheint sich nicht mehr genau an den Vorfall erinnern zu können oder zu wollen und erzählt zwei sehr unterschiedliche Variationen des Vorfalls ...

Variation 1 – langsamer Swing, aber angespannt und gestresst

Text und Musik: Andreas Wickel

Der Richter schaut ungläubig drein. So ist das Ganze abgelaufen? Ich kann es nicht fassen, lügen Sie mich nicht an. Also, heraus mit der Sprache: Was ist wirklich passiert?

Variation 2 – Swing, sehr entspannt

Text und Musik: Andreas Wickel

AB 2: Untersuchung der Variationen

Aufgaben:

a. Du hast schon die musikalischen Parameter Dynamik, Artikulation und Rhythmus kennengelernt. Schaue dir die Aussagen von Horst an und trage den jeweiligen musikalischen Parameter, in dem sie sich unterscheiden, in die mittleren Felder ein.

b. Überlege, inwieweit die Musik zu den jeweiligen Textaussagen von Horst passt. Trage deine Überlegungen in dem Kasten „Wort-Ton-Verhältnis“ in Bezug auf den jeweiligen Parameter ein.

Variation 1 | **Musikalischer Parameter** | **Variation 2**

Wort-Ton-Verhältnis: ____________________

____

← ______ →

Wort-Ton-Verhältnis: ____________________

____

Wort-Ton-Verhältnis: ____________________

____

← ______ →

Wort-Ton-Verhältnis: ____________________

____

Wort-Ton-Verhältnis: ____________________

____

← ______ →

Wort-Ton-Verhältnis: ____________________

____

AB 2: Untersuchung der Variationen

Variation 1	Musikalischer Parameter	Variation 2
	← **Dynamik** →	
Wort-Ton-Verhältnis: Lautes Forte verdeutlicht den genervten Ton der Frau.		Wort-Ton-Verhältnis: Leises Piano drückt die liebevolle Art der Frau aus.
	← **Artikulation** →	
Wort-Ton-Verhältnis: Das Staccato steht für die gestressten Bewegungen von Horst.		Wort-Ton-Verhältnis: Das Legato zeigt die entspannte Stimmung von Horst.
	← **Rhythmus** →	
Wort-Ton-Verhältnis: Die schnellen Achtelnoten verdeutlichen das Tempo, mit dem die Bürste in die Toilette fällt.		Wort-Ton-Verhältnis: Die Vergößerung der Notenwerte zeigt an, dass die Bürste sehr langsam in die Toilette fällt.

Liedtexte der Notenbeispiele:

Audienz beim König des Dschungels

Bewegung und Laute des Löwen im *Karneval der Tiere*

Lotta Sukiennik

© Shutterstock/ezdan

IDEE

Die SchülerInnen erfahren, wie Camille Saint-Saëns in seinem Stück *Königlicher Marsch des Löwen* aus dem *Karneval der Tiere* die Bewegung und Laute des Löwen musikalisch umgesetzt hat und erarbeiten sich den Ablauf des Stückes, indem sie eine grafische Partitur in die richtige Reihenfolge bringen und diese während des Hörens nachvollziehen.

DURCHFÜHRUNG

1. Vorbereitung und Einstieg

Vor der Stunde wird eine Auswahl von vier Tierbildern (Löwe, Fische, Vögel, Schildkröten) an die Tafel gehängt.

Die Lehrkraft beginnt: „Ich habe euch heute ein Werk mitgebracht, das aus einer Sammlung von Stücken stammt, die alle verschiedene Tiere darstellen. Welches Tier hören wir hier?" Das gesamte Stück *Königlicher Marsch des Löwen* wird abgespielt (HB 23). Die SchülerInnen wählen ein passendes Tier aus und begründen die Auswahl. Alle Bilder, außer das des Löwen, werden von der Tafel genommen.

2. Erarbeitung

Das Stück wird erneut angehört. Die SchülerInnen erkennen das Laufen und das Brüllen des Löwen. Im Unterrichtsgespräch wird deutlich, dass es in der Musik noch einen ersten Teil gibt, in welchem der Löwe weder marschiert noch brüllt. Dieser Teil wird als „Aufwachen des Löwen" benannt.

Die grafische Notation des Marsches (AB 1) und des Brüllens (AB 2) werden an die Wand projiziert und die SchülerInnen erklären, welche Darstellung für den Marsch und welche für das Brüllen stehen könnte und begründen ihre Auswahl. Sie erhalten jeweils zu zweit einen Umschlag mit den einzelnen Teilen der Verlaufsgrafik und bringen diese in die richtige Reihenfolge. Je nach Bedarf der SchülerInnen wird das Stück zwei- bis dreimal vorgespielt. Als Differenzierungsmöglichkeit kann die Verlaufsgrafik in größere Teile geschnitten werden, sodass die SchülerInnen weniger Teile sortieren müssen.

3. Ergebnissicherung

Ein Schülerpaar legt sein Ergebnis auf. Als Hörkontrolle wird beim abschließenden Hören die gelegte Reihenfolge von einem Schüler mit einem Stift nachverfolgt. Mögliche Fehler werden im Unterrichtsgespräch korrigiert.

ERWEITERUNGEN

Beim erneuten Hören können die SchülerInnen dazu aufgefordert werden, den Marsch und das Brüllen in Bewegung umzusetzen. Auf diese Weise kann auch das „Aufwachen des Löwen" handlungsorientiert erarbeitet werden.

- **Klasse:** 5
- **Zeitbedarf:** 45 Minuten
- **Voraussetzungen:** keine
- **Material:**

Bilder von Löwe, Fischen, Vögeln und Schildkröten (Vorlagen als PDF auf der CD)

- **Arbeitsblätter:**

AB 1: Marschthema
AB 2: Brüllen
AB 3: Verlaufsgrafik

- **CD:**

HB 23: Camille Saint-Saëns, *Königlicher Marsch des Löwen*, aus: *Karneval der Tiere*

AB 1: Marschthema

AB 2: Brüllen

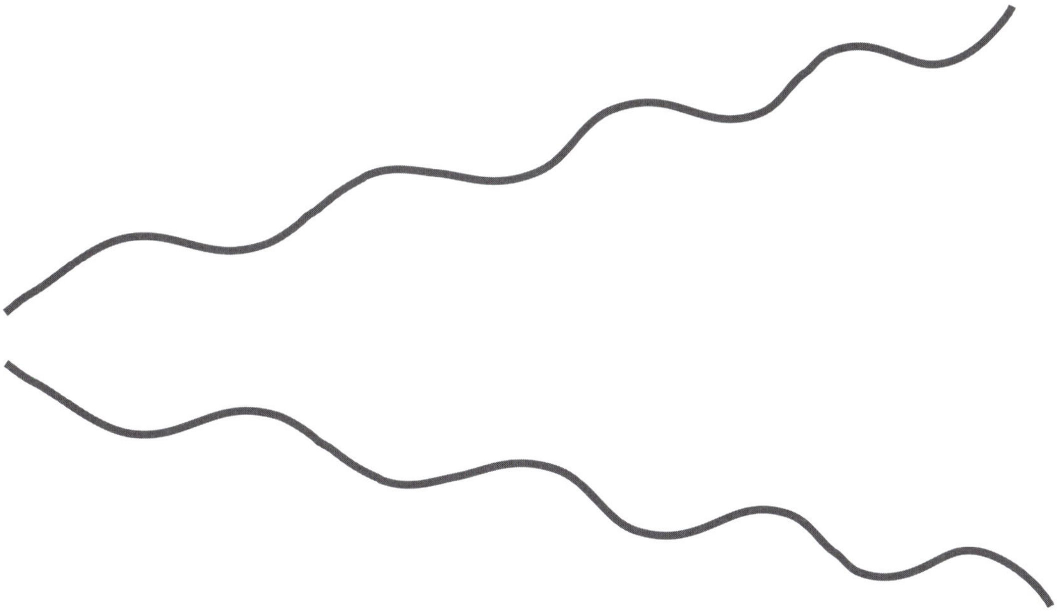

AB 3: Verlaufsgrafik

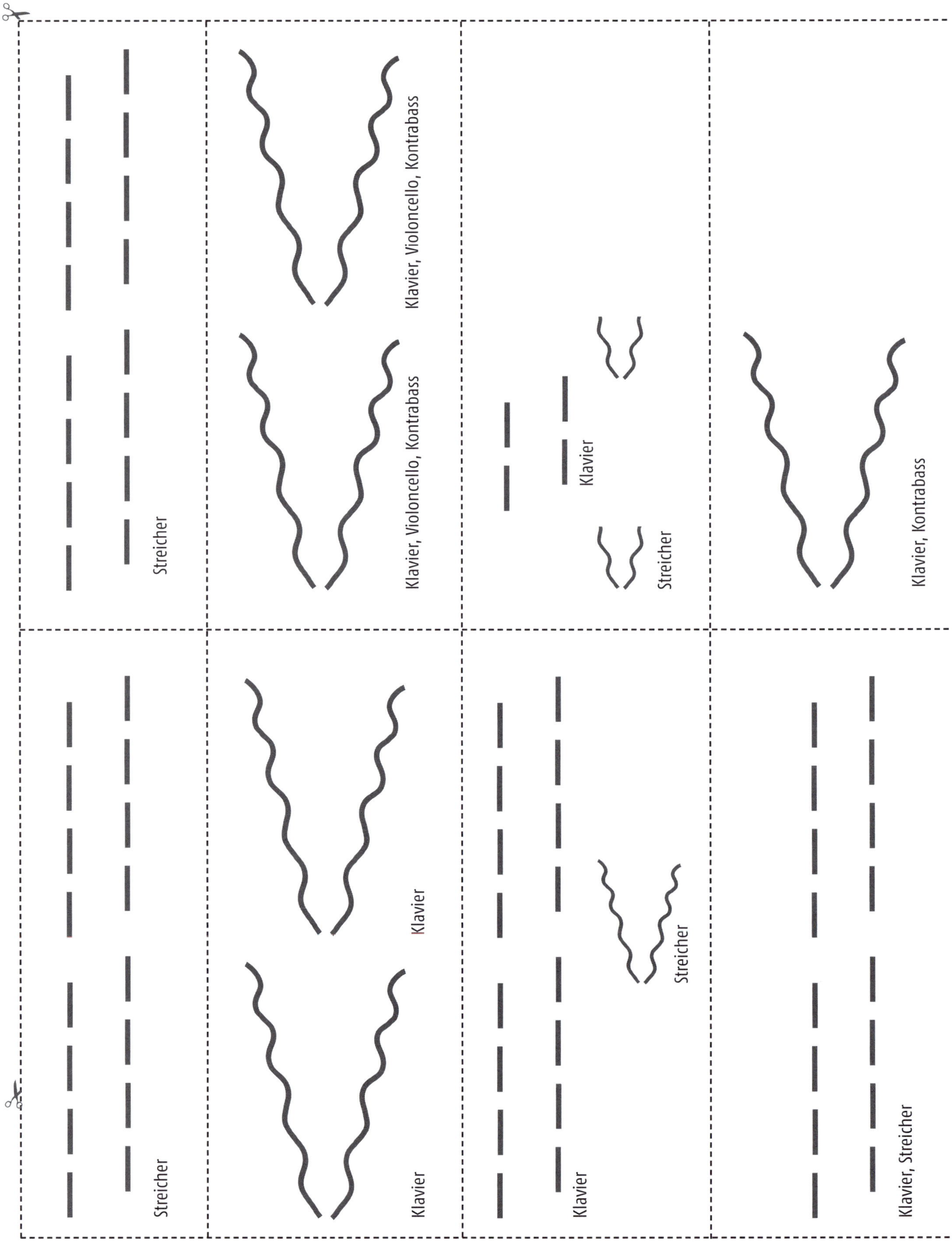

Jack Mayga

Das Geheimnis der sieben Bretter

Julian Oswald

© Fotolia/ktomoya

IDEE

Die Durtonleiter ist für viele SchülerInnen ein sehr abstraktes Konstrukt und es fällt ihnen schwer, die notwendige Theorie hinter der Skala zu erfassen, die sie schon ihr ganzes Leben beim Musik hören oder Musizieren begleitet und die ihnen, zumindest in der Hörpraxis, mehr als geläufig ist. Durch eine kleine Abenteuergeschichte soll bei den SchülerInnen Lust geweckt werden, den Aufbau einer Durtonleiter sowohl theoretisch als auch praktisch nachzuvollziehen und das Skalenprinzip von der Bindung an nur einen Ton („C-Dur") loszulösen.

DURCHFÜHRUNG

1. Die Geschichte am Beginn der Stunde

„Der mutige und furchtlose Schatzjäger Jack Mayga (sprich: „Dschäck Mäidscha") kämpft sich durch den Dschungel auf der Suche nach dem größten noch unentdeckten Edelstein der Welt, dem ‚Rubin von Moldur'. Schon viele hatten sich

- **Klasse:** 5 – 6
- **Zeitbedarf:** 45 Minuten
- **Voraussetzungen:** keine (bei tiefergehender Auseinandersetzung Kenntnis der Stammtöne und ihrer Versetzungstöne)
- **Material:** Schere, Gitarre
- **Arbeitsblätter:**

AB 1: Brücke und Jack Mayga

AB 2: Die Durtonleiter

auf die Suche nach dem sagenumwobenen Schatz gemacht, aber keiner ist je zurückgekehrt. Jack wähnt sich schon ganz nah am Ziel, als er plötzlich vor einer großen Schlucht steht."

An dieser Stelle legen Sie die Folie der Hängebrücke auf und stellen die Figur des Jack Mayga, die Sie vorher ausgeschnitten haben, an den Anfang der Brücke.

„Über die Schlucht führt eine lange Hängebrücke, und auf der anderen Seite sieht man eine Höhle, aus der es rötlich zu schimmern scheint ... das muss der Schatz sein! Gerade als Jack über die Brücke laufen will, schaut er im letzten Moment nach unten und sieht in der Tiefe der Schlucht die Skelette der Abenteurer, die es vor ihm versucht haben! Eine Falle! Aber wie gelangt man nun über die Schlucht, ohne abzustürzen? Jack sieht sich ein bisschen um und entdeckt ein Schild am Klippenrand, auf dem ein Rätsel steht:

Zwölf Bretter sind's, und doch nur sieben,
auf ihnen kommt von hier nach drüben
wer DURchwegs mutig sich erfrommt.
Weißt du, wie man hinüber kommt?"

Nun sind die SchülerInnen gefragt; sie müssen dem Rätsel auf die Spur kommen. Durch Hilfestellungen finden sie heraus, dass sie von den zwölf Brettern der Brücke nur sieben betreten dürfen; die anderen sind Fallenbretter, die in den sicheren Tod führen. Und das Wort DUR von durchwegs scheint eine wichtige Rolle zu spielen. Mit dieser Information versuchen sie nun Jack Mayga sicher über die Brücke zu bringen – indem sie die Figur auf der Folie über die richtigen Bretter auf die andere Seite bringen. Der Tipp, sich die Krokodile im Wasser ganz genau anzuschauen (die genau unter den „Fallenbrettern" lauern) bringt die SchülerInnen schnell auf die richtige Fährte. Dadurch finden sie heraus, dass sie lediglich die Bretter Nummer 1, 3, 5, 6, 8, 10 und 12 betreten dürfen.

2. Die zweite Falle

Sind die SchülerInnen sicher über die Schlucht gelangt, geht die Geschichte weiter:

„Jack schlägt sich weiter durch den Dschungel, bis er an eine weitere Hängebrücke kommt, die in etwa so aussieht wie die erste." [Hier wird die Hängebrücke ohne Krokodile aufgelegt.]. „Als er aber nach unten schaut, sieht er keine Krokodile, sondern nur seltsame Wogen und Wellen im Wasser. Die Krokodile müssen ihm im Wasser zur nächsten Brücke gefolgt sein und lauern nun unter der Wasseroberfläche, damit Jack sie nicht sehen kann! Woher soll er denn jetzt wissen, wie er über die Brücke kommen kann?"

Nun versuchen die SchülerInnen, sich an die richtigen Bretter zu erinnern und „auswendig" über die Brücke zu gehen.

3. Die Heldenprüfung

„Jack hat es geschafft und ist dem Schatz zum Greifen nahe. In der Höhle sieht er das Objekt seiner Träume: Der ‚Rubin von Moldur' liegt direkt vor seiner Nase! Vor dem Rubin liegen jedoch ein seltsames Saiteninstrument und ein weiteres Rätsel:

Nicht der Beginn ist entscheidend, sondern der Weg. Spiele die richtigen acht Töne oder der Rubin wird dich zermalmen!"

Für dieses Rätsel stellt die Lehrkraft eine Gitarre zur Verfügung, die sie flach mit dem Hals nach links auf den Tisch legt. (Sollte keine Gitarre oder ein anderes Saiteninstrument mit Halbtonbünden zur Hand sein, kann zur Not auch ein Klavier benutzt werden.) Die SchülerInnen finden mit Hilfestellungen heraus, dass die acht Töne den gleichen Abstand haben müssen wie die Bretter auf der Hängebrücke, wobei es egal ist, bei welchem Ton man beginnt.

Je zwei SchülerInnen dürfen anschließend nach vorne kommen und versuchen den „Fluch zu brechen", indem sie eine Durtonleiter auf der Gitarre spielen: Einer drückt einen Bund, der andere zupft die entsprechende Saite. Dann wandert der Finger von Schüler 1 auf der Saite nach oben, genau im Abstand zwei Bünde, zwei Bünde, ein Bund, zwei Bünde, zwei Bünde, zwei Bünde, ein Bund (genau wie auf der Hängebrücke).

Haben die SchülerInnen alle acht Töne richtig gespielt, ist die Aufgabe erfüllt und Jack kann den Rubin unbesorgt an sich nehmen.

Anschließend teilt die Lehrkraft das Arbeitsblatt aus und bearbeitet es mit den SchülerInnen, um das eben Gelernte noch einmal zu sichern.

ERWEITERUNGEN

Eine reizvolle Alternative ist es, die Hängebrücke im Klassenzimmer nachzubauen. Dazu braucht man zwölf Dinge, die die Bretter der Brücke symbolisieren (Stühle, Matten, Bodenplatten etc.). Im Folgenden können die SchülerInnen nun selbst als Jack Mayga über die Brücke gehen.

Diese Stunde kann für die Erarbeitung jeder beliebigen Skala (zum Beispiel der Molltonleiter) verwendet werden. Dazu müssen lediglich die Schritte auf den Brettern und der Gitarre angepasst werden.

Um das Prinzip der Skalen unabhängig vom Anfangston noch zusätzlich zu verdeutlichen, können die SchülerInnen mehrere Durtonleitern auf der Gitarre spielen, wobei sie immer bei einem anderen Ton beginnen. Sie sollten jedoch die Tonleiter immer auf einer Saite spielen, um das Skalenprinzip gut nachvollziehen zu können.

Sollten Sie im Klassenzimmer zu wenig Platz haben, die SchülerInnen jedoch gerne selbst Jack Mayga spielen lassen, können sie die Hängebrücke auch auf einer Treppe mit mindestens zwölf Stufen nachspielen. Dann wird die Hängebrücke in der Geschichte dementsprechend durch eine Treppe ersetzt, die zum Rubin hinaufführt.

AB 1: Brücke und Jack Mayga

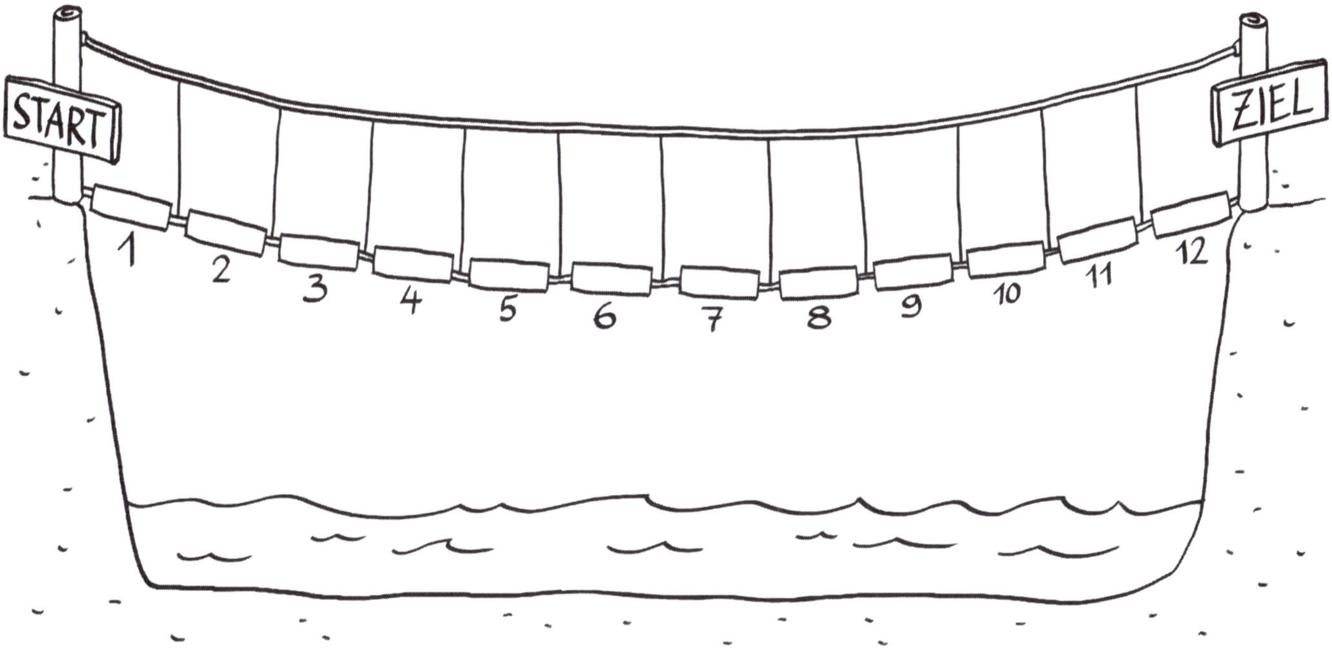

Illustrationen: Silke Reimers

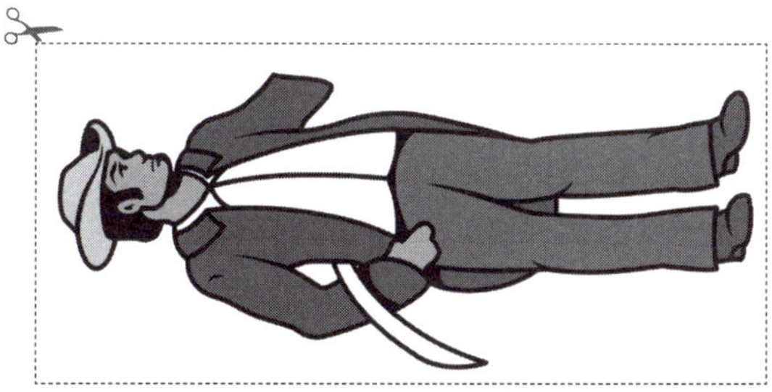

AB 2: Die Durtonleiter

Wenn eine Reihe von acht Tönen im Abstand

▶ ________ - ________ - ________ - ________ - ________ - ________ - ________

(Ganz = zwei Halbtonschritte, Halb = ein Halbtonschritt) angeordnet ist, so nennt man dies **Durtonleiter**.
In ihr sind alle Töne enthalten, mit denen man ein Stück in der Tonart des Anfangstons spielen oder singen kann.

Beim Überprüfen, ob du die Tonschritte richtig eingesetzt hast, können dir drei kleine Tests helfen.

1. Wenn der erste Ton und der Ton nach dem letzten Ton (also der achte Ton) genau dreizehn Bünde/Tasten (inklusive der ersten) voneinander entfernt sind,
2. wenn der erste und der letzte Ton den gleichen Klang beziehungsweise den gleichen Tonnamen haben und
3. wenn zwischen dem dritten und vierten Ton sowie zwischen dem siebten und achten Ton kein Bund oder keine Taste ist,

dann hast du alles richtig gemacht!

Aufgabe:
Versucht partnerweise auf einem Instrument mit Saiten oder Tasten im Klassenzimmer drei verschiedene Durtonleitern zu spielen! Überprüft euch dabei immer gegenseitig, ob ihr alle drei „Tests“ korrekt einhaltet!

Lösung: Ganz – Ganz – Halb – Ganz – Ganz – Ganz – Halb

Was heißt eigentlich Stille?

Von Krach, Geräuschen und ihren Gegenteilen

ANDREAS WICKEL

© Dorothea Book

IDEE

Inspiriert durch John Cages Stück *4.33* experimentieren die SchülerInnen an verschiedenen Stationen mit Stille, Krach und Geräuschen am Lernort Schule. Dabei steht jeweils die Frage im Mittelpunkt, was Stille eigentlich bedeutet und ob diese überhaupt Musik sein kann. Stößt das Konzeptstück von Cage zunächst auf Ablehnung, so kann das Verständnis für das Stück nach und nach gesteigert werden.

DURCHFÜHRUNG

1. Einstieg
Die SchülerInnen betrachten das Foto des Konzertsaals (AB 1) und tauschen sich über ihre Erwartungen aus, die sie an den Besuch eines klassischen Konzertes und die Musik haben. Die Schüleräußerungen werden anschließend zusammengetragen und so protokolliert, dass sie im Verlauf der Stunde für Station 1 (AB 4) benutzt werden können (z. B. Plakat- oder Tafelmitschrift).

2. Inszenierung ansehen
Die SchülerInnen sehen im Klassenverband eine, von der Lehrperson zunächst unkommentierte, Aufführung von John Cages *4.33* (Video) an. In einer kurzen Arbeitsphase werden zunächst beschreibende Eindrücke gesammelt und auf der linken Seite der Folie (AB 2) notiert. Anschließend folgt die Sammlung von spontanen Werturteilen über das Stück auf der rechten Seite (AB 2). Die Ergebnisse werden im Unterrichtsgespräch gesammelt.

3. Stationen erläutern
Nachdem die SchülerInnen das AB 3 ausgeteilt bekommen haben, werden die Regeln für das Stationenlernen erläutert, die einzelnen Stationen im Plenum besprochen und Fragen zu den Aufgaben und zum Equipment beantwortet. Dann folgt die Gruppeneinteilung.

4. Durchführung
Die SchülerInnen durchlaufen die Stationen (AB 4–6). Zeitangaben und räumliche Entscheidungen sollten dabei den Gegebenheiten vor Ort angepasst werden. Die Lehrkraft dient als Ansprechpartner und wechselt zwischen den einzelnen Gruppen hin und her.

5. Sicherung, Reflexion und Rückanbindung
Nachdem alle SchülerInnen alle Stationen durchlaufen haben, sammelt sich die Klasse wieder. Ausgewählte Ergebnisse aus den Gruppenarbeiten können nun vorgetragen werden:

- Station 1: Text vorlesen
- Station 2: Ort und Gefühl beschreiben
- Station 3: Erläuterung bzw. Abspielen des komponierten Stückes.

Im Anschluss an die Sicherung schauen die SchülerInnen noch einmal das Video von *4.33*. Zuvor erläutert die Lehrkraft, dass es im Konzept von Cages Stück liegt, zufällige Geräusche des Publikums (Anknüpfung an Station 2) durch die Formparameter Zeit und Dreisätzigkeit (Anknüpfung an Station 3) für den Konzertbesucher immer wieder neu und ungewohnt zu gestalten (Anknüpfung an Station 1).
Die Folie mit den Ersteindrücken und Werturteilen (AB 2) wird noch einmal aufgelegt und die SchülerInnen nehmen Stellung zu ihren Äußerungen.

ERWEITERUNGEN

Wenn die Räumlichkeiten, die Zeitvorgaben oder das soziale Gefüge der Klasse die Methode der Stationenarbeit nicht erlauben, dann können die einzelnen Arbeitsblätter auch nach und nach mit allen SchülerInnen zusammen erarbeitet werden.

▸ **Klasse:** 5
▸ **Zeitbedarf:** 120 Minuten
▸ **Voraussetzungen:**
Funktionsweise des Aufnahmegerätes oder Aufnahmefunktion am Handy kennen
▸ **Material:** Aufnahmegerät oder Handy, Kopfhörer, evtl. Audioprogramm
▸ **Arbeitsblätter:**
AB 1: Konzertsaal
AB 2: Eindrücke
AB 3: Übersicht Stationenarbeit
AB 4–6: Stationen 1–3
Internet: Aufführung von John Cage, *4.33* (Aufnahme mit Orchester wählen!)

AB 1: Konzertsaal

© Christoph Meyer Janson

AB 2: Eindrücke

beschreibende Eindrücke	wertende Eindrücke

Aufgaben:

a. Tausche dich mit deinem Sitznachbarn über das gesehene Video aus.

b. Sammelt zunächst stichwortartig beschreibende Eindrücke in der linken Tabellenspalte.

c. Formuliert anschließend ein erstes Werturteil in der rechten Tabellenspalte.

AB 3: Übersicht Stationenarbeit

Regeln für die Stationenarbeit

1. Ihr seid freundlich zueinander und behandelt jede Äußerung mit Respekt.
2. Ihr verhaltet euch im Schulgebäude leise und redet nur im Flüsterton miteinander.
3. Ihr behandelt das gesamte Material (inklusive der eigenen Arbeitsblätter) mit Vorsicht.
4. Ihr achtet auf die Zeit, die euch zur Lösung der jeweiligen Aufgabenstellung zur Verfügung steht.
5. Jeder bringt sich bei der Zusammenarbeit mit ein.

Station 1: Der innere Monolog	Erledigt ☐
Station 2: Der Lärmpegel	Erledigt ☐
Station 3: Gestaltete Zeit	Erledigt ☐

AB 4: Station 1 – Der innere Monolog

Aufgaben:

a. Tauscht euch in der Gruppe noch einmal über eure Erwartungen aus, die ihr zu Beginn der Stunde an den Besuch eines klassischen Konzertes formuliert habt (siehe Mitschrift).

b. Schreibe nun in Einzelarbeit den „inneren Monolog" eines Konzertbesuchers, der mit deinen Erwartungen in ein Konzert geht und John Cages *4.33* hört. Was denkt er, welche Empfindungen hat er? Formuliere ganze Sätze.

AB 5: Station 2 – Der Lärmpegel

Aufgaben:

a. Lauft durch die Schule und findet fünf verschiedene Orte, die sich auf einer Geräuschskala auf den Stufen 1 bis 5 einordnen lassen. Stufe 1 stellt dabei absolute Stille dar und Stufe 5 größtmöglichen Lärm. Übertragt den Ort in die Skala.

b. Versucht am jeweiligen Ort jeder Lärmstufe eine Minute lang zuzuhören und beschreibt in Adjektiven, wie ihr euch fühlt. Tauscht euch anschließend über die von euch formulierten Adjektive aus!

	ORT		BESCHREIBUNG DER GEFÜHLE DURCH ADJEKTIVE
1		→	
2		→	
3		→	
4		→	
5		→	

AB 6: Station 3 – Gestaltete Zeit

Aufgaben:

a. Zieht mit eurem Aufnahmegerät oder eurem Handy los und sammelt in der Schule verschiedene Geräusche.

b. Tauscht euch über die von euch gesammelten Geräusche aus. Versucht zu erraten, wo die Geräusche eventuell herkommen könnten.

c. Benennt die Geräusche (z. B. „Schulklingel") und tragt sie in den Geräuschespeicher ein.

d. Konzipiert nun ein Musikstück mit euren Geräuschen, indem ihr diese auf die Partitur im Verlauf der Zeit verteilt. Falls möglich, könnt ihr mit einem Audioprogramm die Geräusche tatsächlich in der entsprechenden zeitlichen Reihenfolge zusammenschneiden.

e. Ihr bekommt nun die Aufgabe, euer Musikstück in drei Teile zu unterteilen. Diskutiert, an welchen Stellen dies sinnvoll wäre, und zieht dann senkrechte Striche in der Partitur. Gebt eurem Musikstück zum Schluss einen Titel.

GERÄUSCHESPEICHER

Titel: ______________________________

Zeit	0:00	0:10	0:20	0:30	0:40	0:50	1:00
Geräusche							

Zeit	1:10	1:20	1:30	1:40	1:50	2:00	2:10
Geräusche							

Zeit	2:20	2:30	2:40	2:50	3:00	3:10	3:20
Geräusche							

Zeit	3:30	3:40	3:50	4:00	4:10	4:20	„4:33"
Geräusche							

Betörende Röhren

Ein Boomwhacker-Klassenhit

Andreas Wickel

IDEE

Dass Songs und Lieder auf Boomwhackers begleitet werden, ist nichts Neues. In diesem Unterrichtsbeitrag werden die „Röhren" aber selbst zum Thema eines Liedes. Während der Refrain mit den Boomwhackers musikalisch begleitet wird, sollen die kurzen Textsequenzen in den beiden Strophen jeweils pantomimisch als Standbild oder kurze Szenensequenz (mit den Boomwhackers als Requisite) von Teilen der Lerngruppe abgebildet werden. Mit ein bisschen Übung ergibt sich so ein dynamisches Szenenspiel zum Lied.

DURCHFÜHRUNG

1. Erarbeitung des Liedes

Zunächst wird der Text des Liedes *Betörende Röhren* langsam im Rhythmus gesprochen (AB 1). Danach folgt eine Übephase mit Klavier- oder Gitarrenbegleitung, bis alle den Text und die Melodie auswendig singen können. Im Folgenden wird das Lied um die Boomwhackerbegleitung ergänzt. Dabei kann der Mitspielsatz (AB 2 + 3) an die Wand projiziert werden und dient somit allen Beteiligten als Orientierung.

2. Erarbeitung des Szenenspiels

Die Lerngruppe wird in vier etwa gleichgroße Gruppen aufgeteilt. Jeder Gruppe werden anschließend (z. B. durch ein kurzes Losverfahren) zwei zusammenhängende Textzeilen aus den Strophen zugeordnet (AB 4). Jede Gruppe bekommt Zeit, zwei Standbilder oder eine ganz kurze Szenensequenz zu den beiden ihr zugewiesenen Textzeilen zu entwickeln und eine Skizze davon als Gedächtnisstütze zu erstellen.

In einer kurzen Plenumsphase stellen die einzelnen Gruppen anschließend die von ihnen entwickelten Szenen- oder Standbilder vor und es kann zu einer kurzen Feedbackrunde kommen. Eventuell kann sich danach eine kurze Phase anschließen, in der innerhalb der Gruppe Verbesserungen vorgenommen werden.

3. Aufführung des ganzen Stückes

Das Stück wird nun im Ganzen geprobt: Dazu stellt sich die Gesamtgruppe in einem großen Halbkreis auf. Jeder Schüler sollte neben Mitgliedern von jeweils anderen Gruppen stehen, damit (besonders im schnelleren Tempo) Platz für den Laufweg zum jeweiligen Auf- und Abgang bleibt (siehe Abbildung). Die Standbilder werden zunächst ganz ohne Musik geprobt. Es schließt sich eine Phase des Singens und Spielens in einem sehr langsamen Tempo an. Das Tempo wird nun langsam am Begleitinstrument oder durch Klatschen der Lehrperson gesteigert, bis alle Auf- und Abgänge funktionieren und das Musizieren mit den Boomwhackers zum Refrain gut klappt. Das Zwischenspiel zwischen den Strophen am Begleitinstrument sowie der Übergang zwischen Strophe und Refrain, der nur auf das Singen reduziert ist, bilden bewusst Phasen der szenischen Inaktivität, die von den SchülerInnen zum Sammeln und zur mentalen Vorbereitung genutzt werden können.

ERWEITERUNGEN

Wenn die Gruppengröße für ein szenisches Spiel mit allen SchülerInnen zu groß ist, dann lässt sich das Lied auch mit weiterem Klasseninstrumentarium begleiten. Gerade die Strophen bieten sich durch ihren einfachen akkordischen Aufbau sehr für Turnarounds auf dem Klasseninstrumentarium an.

Aufstellung und Laufwege

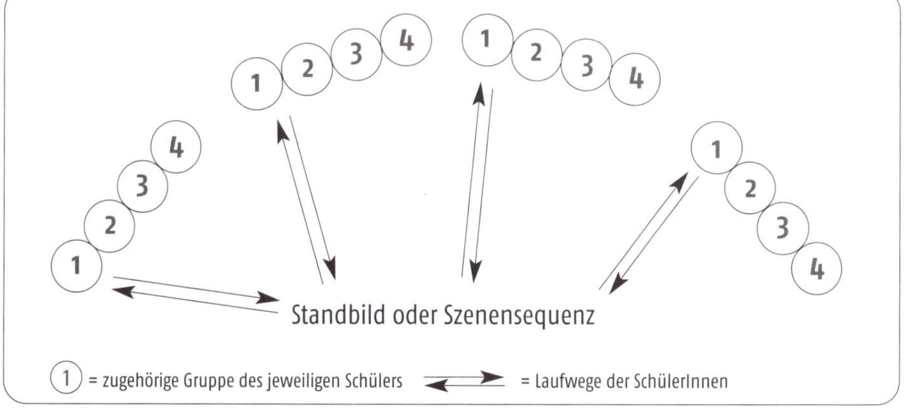

- **Klasse:** 5
- **Zeitbedarf:** 90 – 120 Minuten
- **Voraussetzungen:** erste Erfahrungen mit Boomwhackers
- **Material:** 1–2 Boomwhacker-Sets (chromatisch), Klavier oder Gitarre
- **Arbeitsblätter:**

AB 1: Betörende Röhren
AB 2 und AB 3 (auf CD): Mitspielsatz
AB 4: Szenische Erarbeitung

- **CD:**

HB 24: Playback: *Betörende Röhren*

AB 1: Betörende Röhren

Text und Musik: Andreas Wickel

AB 2: Mitspielsatz (Refrain)

Musik: Andreas Wickel

AB 3: Szenische Erarbeitung

Strophe 1:

Mit Röhren kann man ziemlich tolle Sachen bauen!
Mit Röhren kann man sich auch einfach nur verhauen!
Die Röhren kann man ziemlich gut dem Nachbarn klauen,
der kann dann schwer beleidigt in die Röhre schauen!

Strophe 2:

Die Röhren, ja, die stecken häufig tief im Boden!
Für Lichtschein sorgen Neonröhrenelektroden,
der Hirsch der kann beim Röhren an 'ner Möhre lutschen,
im Schwimmbad kann man super durch 'ne Röhre rutschen!

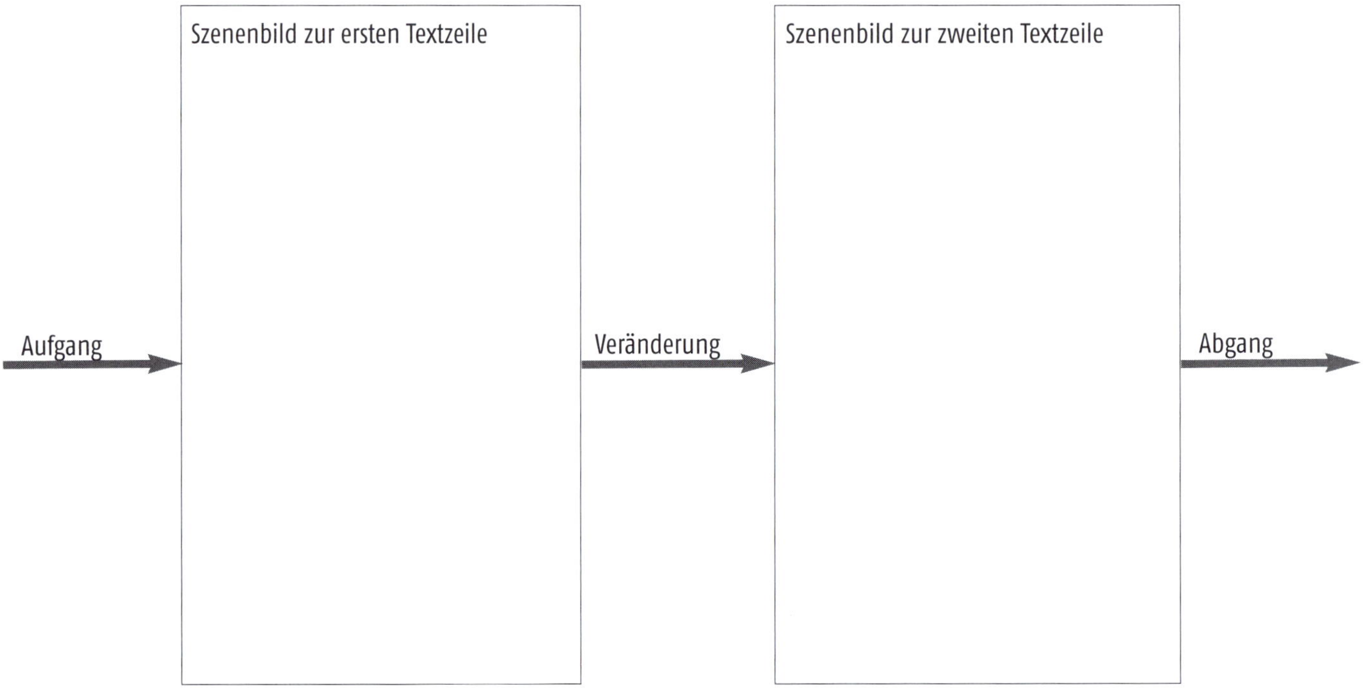

Aufgaben:

Entwickelt zu den beiden euch zugewiesenen Textzeilen jeweils ein kurzes Standbild oder eine kurze Szene, indem ihr

a. zunächst die beiden euch zugewiesenen Textzeilen im Liedtext markiert,
b. euch zu ersten Ideen für eure Standbilder oder eure Szene austauscht,
c. überlegt, wie man die Boomwhackers als Requisiten einsetzten könnte,
d. die beiden Standbilder oder Szenen zu den beiden Textzeilen ausprobiert und jeweils eine kleine Skizze davon in den beiden obenstehenden Rechtecken anfertigt,
e. überlegt, wie der Aufgang in das erste Standbild oder die Szene, die Veränderung in das zweite Standbild/die Szene und der Abgang erfolgen könnten.

Sonja Klein studierte Schulmusik als erweitertes Unterrichtsfach (ohne Zweitfach) für Gymnasien und Gesamtschulen sowie Elementare Musikpädagogik mit dem Wahlfach Musikvermittlung / Musikmanagement an der Hochschule für Musik Detmold. Sie ist Musiklehrerin an einer Integrierten Gesamtschule in Bad Kreuznach und als Autorin sowie als Referentin im Jungen Forum Musikunterricht des Bundesverbandes Musikunterricht (BMU) tätig.

Nach einer umfassenden Ausbildung in Gesang, an der Orgel und der Zither studierte **Julian Oswald** Musik an der Universität Regensburg, zunächst für Realschullehramt und im Aufbau für Gymnasium. Er unterrichtet seit 2013 am Schyrengymnasium Pfaffenhofen / Bayern und ist außerdem als Musiker, Arrangeuer und Komponist tätig. Von ihm ist außer dem vorliegenden Werk das Buch *Crashkurs Harmonielehre* bei Schott Music erschienen.

Lotta Sukiennik studierte die Fächer Musik und Geschichte für das Lehramt an Gymnasien und Gesamtschulen an der Westfälischen Wilhelms-Universität Münster. Sie unterrichtet an einem Oberhausener Gymnasium und ist als Referentin im Jungen Forum Musikunterricht des Bundesverbandes Musikunterricht (BMU) tätig.

Andreas Wickel studierte Musik und Deutsch auf Lehramt an der Folkwang-Universität der Künste und an der Universität Duisburg-Essen. Nach seinem Referendariat in Mönchengladbac ist er als Lehrer m Mariengymnasium in Essen-Werden tätig. Im Bundesvorstand des Bundesverbandes Musikunterricht (BMU) koordiniert er die Aktivitäten des Jungen Forum Musikunterricht. Er hat u. a. als Komponist am *Liederbuch 5/6* mitgearbeitet, welches bei Schott Music erschienen ist.

Hörbeispiele

1 **Antonio Vivaldi:** *Der Sommer, Presto* (3. Satz), aus: Violinkonzert g-Moll op. 8, Nr. 2
Wichita State University Chamber Players, John Harrison

2 **Edvard Grieg:** *Stürmischer Abend auf dem Meer*, aus: *Peer Gynt-Suite* op. 55, Nr. 2
Malmö Symphony Orchestra, Bjarte Engeset

3 **Ludwig van Beethoven:** 4. Satz, *Allegro (Gewitter und Sturm)*,
aus: Sinfonie Nr. 6 F-Dur op. 68 *Pastorale*

4 **Richard Strauss:** *Gewitter und Sturm*, aus: *Eine Alpensinfonie* op. 64

5 **Joseph Haydn:** *Poco Adagio. Cantabile* (Melodie der Deutschen Nationalhymne),
aus: Streichquartett op. 76, Nr. 3 *Kaiserquartett*

6 **Camille Saint-Saëns:** *Der Elefant*, aus: *Karneval der Tiere*
Marián Lapšanský, Peter Toperczer, Slovak Radio Symphony Orchestra, Ondrej Lenárd

7 **Playback:** *Er stürmt ...*

8 **Playback:** *Er läuft ...*

9 **John Cage:** *Sonata V*, aus: *Sonatas and Interludes*
Joshua Pierce

10 **Playback:** *Der Besen – ein bewegtes Wesen*

11 **Paul Dukas:** Das Besenmotiv – legato (Vormittag), aus: *L'apprenti sorcier* (Der Zauberlehrling),
Slovak Radio Symphony Orchestra, Kenneth Jean

12 **Paul Dukas:** Das Besenmotiv – staccato (Nachmittag), aus: *L'apprenti sorcier* (Der Zauberlehrling),
Slovak Radio Symphony Orchestra, Kenneth Jean

13 **Wolfgang Amadeus Mozart:** *Der Vogelfänger bin ich ja* (Vorspiel, 1. Strophe, Zwischenspiel),
aus: *Die Zauberflöte*
Georg Tichy, Budapest Failoni Chamber Orchestra, Michael Halász

14 **Wolfgang Amadeus Mozart:** *Der Vogelfänger bin ich ja* (1. Strophe, Zwischenspiel),
aus: *Die Zauberflöte*
Georg Tichy, Budapest Failoni Chamber Orchestra, Michael Halász

15 **Playback:** *Das Lied von Tripico Town*

16 Arvo Pärt: *Spiegel im Spiegel* (Ausschnitt)
Daniel Hope, Simon Mulligan

17 Gustav Mahler: 3. Satz, *Feierlich und gemessen, ohne zu schleppen* (Ausschnitt), aus: Sinfonie Nr. 1 D-Dur

18 Wolfgang Amadeus Mozart: 4. Satz, *Allegro assai* (Ausschnitt), aus: Sinfonie Nr. 40 g-Moll KV 550

19 Modest Mussorgski / Maurice Ravel (Orchesterfassung): *Bydło*, aus: *Bilder einer Ausstellung*

20 Modest Mussorgski / Maurice Ravel (Orchesterfassung): *Ballett der Küchlein in ihren Eierschalen*, aus: *Bilder einer Ausstellung*

21 Playback: *Am Morgen bin ich*, Variation 1

22 Playback: *Am Morgen seh' ich*, Variation 2

23 Camille Saint-Saëns: *Königlicher Marsch des Löwen*, aus: *Karneval der Tiere*

24 Playback: *Betörende Röhren*

Video
Das präparierte Klavier

Powerpoint-Präsentation
Kammys Abenteuer in Tripico Town

Fotos (Tiervorlagen)